MARCHA CRIANÇA 2

LINGUAGEM

Maria Teresa Marsico
Professora graduada em Letras pela Universidade Federal do Rio de Janeiro (UFRJ) e em Pedagogia pela Sociedade Unificada de Ensino Superior Augusto Motta. Atuou por mais de trinta anos como professora de Educação Infantil e Ensino Fundamental das redes municipal e particular no município do Rio de Janeiro.

Armando Coelho de Carvalho Neto
Atua desde 1981 com alunos e professores das redes oficial e particular de ensino do Rio de Janeiro. Desenvolve pesquisas e estudos sobre metodologias e teorias modernas de aprendizado. É autor de obras didáticas para Ensino Fundamental e Educação Infantil desde 1993.

editora scipione

editora scipione

Diretoria de conteúdo e inovação pedagógica
Mário Ghio Júnior
Diretoria editorial
Lidiane Vivaldini Olo
Gerência editorial
Luiz Tonolli
Editoria de Anos Iniciais
Tatiany Telles Renó
Edição
Tatiany Telles Renó
Arte
Ricardo de Gan Braga (superv.),
Andréa Dellamagna (coord. de criação),
Gláucia Correa Koller (progr. visual de capa e miolo),
Elen Coppini Camioto (editora de arte) e
Christine Getschko (assist. de arte)
Revisão
Hélia de Jesus Gonsaga (ger.),
Rosângela Muricy (coord.), Heloísa Schiavo (prep.),
Gabriela Macedo de Andrade, Luís Maurício Boa Nova,
Vanessa de Paula Santos e Brenda Morais (estag.)
Iconografia
Sílvio Kligin (superv.), Tamires Reis Castillo (pesquisa),
César Wolf e Fernanda Crevin (tratamento de imagem)
Ilustrações
ArtefatoZ (capa), Juan Carlos Federico (aberturas),
Ilustra Cartoon, Mario Pita e MW Ilustrações

Direitos desta edição cedidos à Editora Scipione S.A.
Avenida das Nações Unidas, 7221, 3º andar, Setor D
Pinheiros – São Paulo – SP – CEP 05425-902
Tel.: 4003-3061
www.scipione.com.br / atendimento@scipione.com.br

2019
ISBN 978 85 262 9622 0 (AL)
ISBN 978 85 262 9621 3 (PR)
Cód. da obra CL 738968
CAE 541 666 (AL) / 541 648 (PR)
5ª edição
8ª impressão
Impressão e acabamento
Vox Gráfica

Dados Internacionais de Catalogação na Publicação (CIP)
(Câmara Brasileira do Livro, SP, Brasil)

Marsico, Maria Teresa
Marcha criança : educação infantil : linguagem / Maria Teresa Marsico, Armando Coelho de Carvalho Neto. -- 5. ed. -- São Paulo : Scipione, 2015. -- (Coleção marcha criança)

Obra em 3 v.

1. Educação infantil 2. Linguagem (Educação infantil) I. Carvalho Neto, Armando Coelho de. II. Título. III. Série.

15-02803 CDD-372.21

Índice para catálogo sistemático:
1. Linguagem : Educação infantil 372.21

PREPARAMOS ESTE LIVRO COM MUITO CARINHO ESPECIALMENTE PARA VOCÊ. ELE ESTÁ REPLETO DE SITUAÇÕES E ATIVIDADES MOTIVADORAS, QUE CERTAMENTE DESPERTARÃO SEU INTERESSE E LHE PROPORCIONARÃO MUITAS DESCOBERTAS. ESPERAMOS QUE COM ELE VOCÊ ENCONTRE SATISFAÇÃO NO CONSTANTE DESAFIO DE APRENDER!

OS AUTORES

Os textos sem referência são de autoria de Maria Teresa Marsico e Armando Coelho.

CONHEÇA SEU LIVRO

COM A COLEÇÃO **MARCHA CRIANÇA** VOCÊ APRENDE BRINCANDO!

RODA DE CONVERSA

EM CADA INÍCIO DE UNIDADE, VOCÊ SERÁ CONVIDADO A TROCAR EXPERIÊNCIAS, CONVERSANDO COM SEUS COLEGAS SOBRE ASSUNTOS VARIADOS.

O TEMA É...

ESTA SEÇÃO VAI FAZER VOCÊ REFLETIR E COMPREENDER MELHOR O MUNDO EM QUE VIVEMOS.

MATERIAL DE APOIO E ADESIVOS

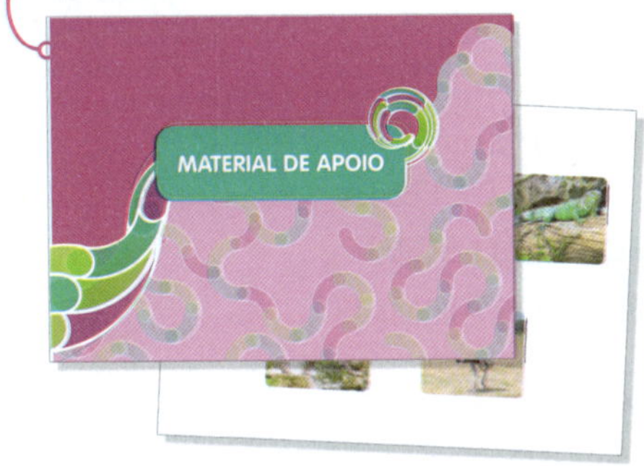

NO FINAL DO LIVRO, VOCÊ ENCONTRARÁ MATERIAIS PARA REALIZAR ALGUMAS ATIVIDADES DE MANEIRA DIVERTIDA.

FAZENDO ARTE

ESTA SEÇÃO TRAZ PROPOSTAS DE ATIVIDADES ARTÍSTICAS, ÓTIMAS PARA DESENVOLVER A CRIATIVIDADE.

HORA DA HISTÓRIA

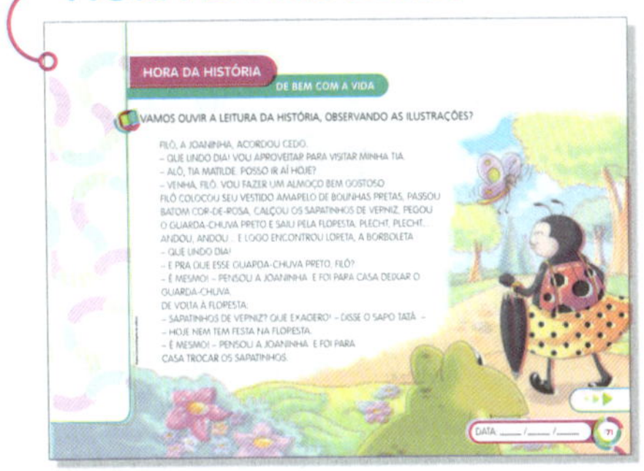

NESTA SEÇÃO, A LEITURA DE HISTÓRIAS SE TORNARÁ AINDA MAIS INTERESSANTE.

ALMANAQUE DAS LETRAS + LIVRO DE LEITURA

CADA VOLUME É ACOMPANHADO POR UM ALMANAQUE DAS LETRAS E UM LIVRO DE LEITURA.
NO *SITE* WWW.MARCHACRIANCA.COM.BR VOCÊ PODE OUVIR A CONTAÇÃO DESSAS HISTÓRIAS E TAMBÉM ALGUMAS CANTIGAS.

HORA DE BRINCAR

NESTA SEÇÃO, VOCÊ VAI SE DIVERTIR COM JOGOS, BRINCADEIRAS E PASSATEMPOS MUITO INTERESSANTES!

SUGESTÕES PARA O ALUNO

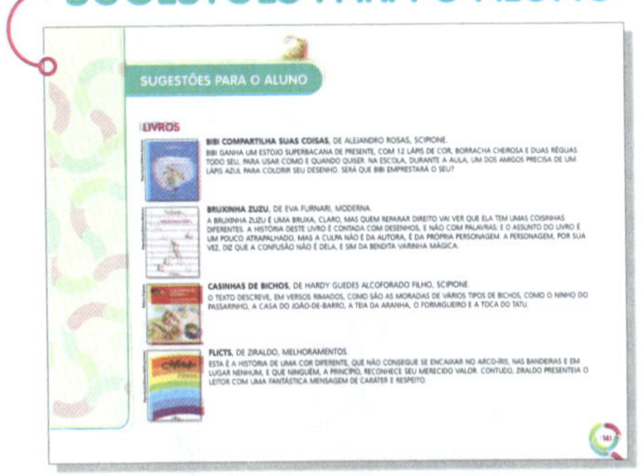

NESTAS PÁGINAS, INDICAÇÕES DE LIVROS, CDs E DVDs PARA COMPLEMENTAR OS TEMAS ESTUDADOS.

ÍCONES

AO LONGO DO LIVRO VOCÊ VAI ENCONTRAR OS ÍCONES A SEGUIR, QUE DÃO DICAS SOBRE AS ATIVIDADES.

ADESIVO

EXPRESSÃO ORAL

COLAGEM

LEITURA

CONFECÇÃO

PERCEPÇÃO VISUAL

DESENHO

PINTURA

EXPRESSÃO CORPORAL

TRAÇADO

SUMÁRIO

Ilustrações: Juan Carlos Federico/Arquivo da editora

UNIDADE 1

CANTORIAS E BRINCADEIRAS

Juan Carlos Federico/Arquivo da editora

RODA DE CONVERSA

AS CRIANÇAS ESTÃO CANTANDO.
VAMOS CANTAR COM ELAS?

O CRAVO BRIGOU COM A ROSA
DEBAIXO DE UMA SACADA
O CRAVO SAIU FERIDO
E A ROSA DESPEDAÇADA.

[...]

CANTIGA POPULAR

Ilustra Cartoon/Arquivo da Editora

DATA: _____ /_____ /_____

BRINCANDO E APRENDENDO COM ANA E BETO

ESTA É ANA. ELA GOSTA MUITO DE BRINCAR COM OS AMIGOS DELA.

Ilustra Cartoon/Arquivo da editora

HORA DE BRINCAR

A BRINCADEIRA PREFERIDA DA ANA É BRINCAR DE RODA.
VOCÊ JÁ CONHECE ESTA CANTIGA? CANTE E BRINQUE COM OS COLEGAS.

CIRANDA, CIRANDINHA

CIRANDA, CIRANDINHA,
VAMOS TODOS CIRANDAR,
VAMOS DAR A MEIA-VOLTA
VOLTA E MEIA VAMOS DAR.

O ANEL QUE TU ME DESTES
ERA VIDRO E SE QUEBROU,
O AMOR QUE TU ME TINHAS
ERA POUCO E SE ACABOU.

CANTIGA POPULAR

Ilustra Cartoon/Arquivo da editora

ANA TEM UM IRMÃO. ELE SE CHAMA ROBERTO, MAS TODOS O CHAMAM DE BETO.

Ilustra Cartoon/Arquivo da editora

DATA: _____ /_____ /_____

LIGUE AS PONTAS DAS LINHAS E DESCUBRA O BRINQUEDO PREFERIDO DE BETO. DEPOIS, PINTE-O.

BOLA

bola

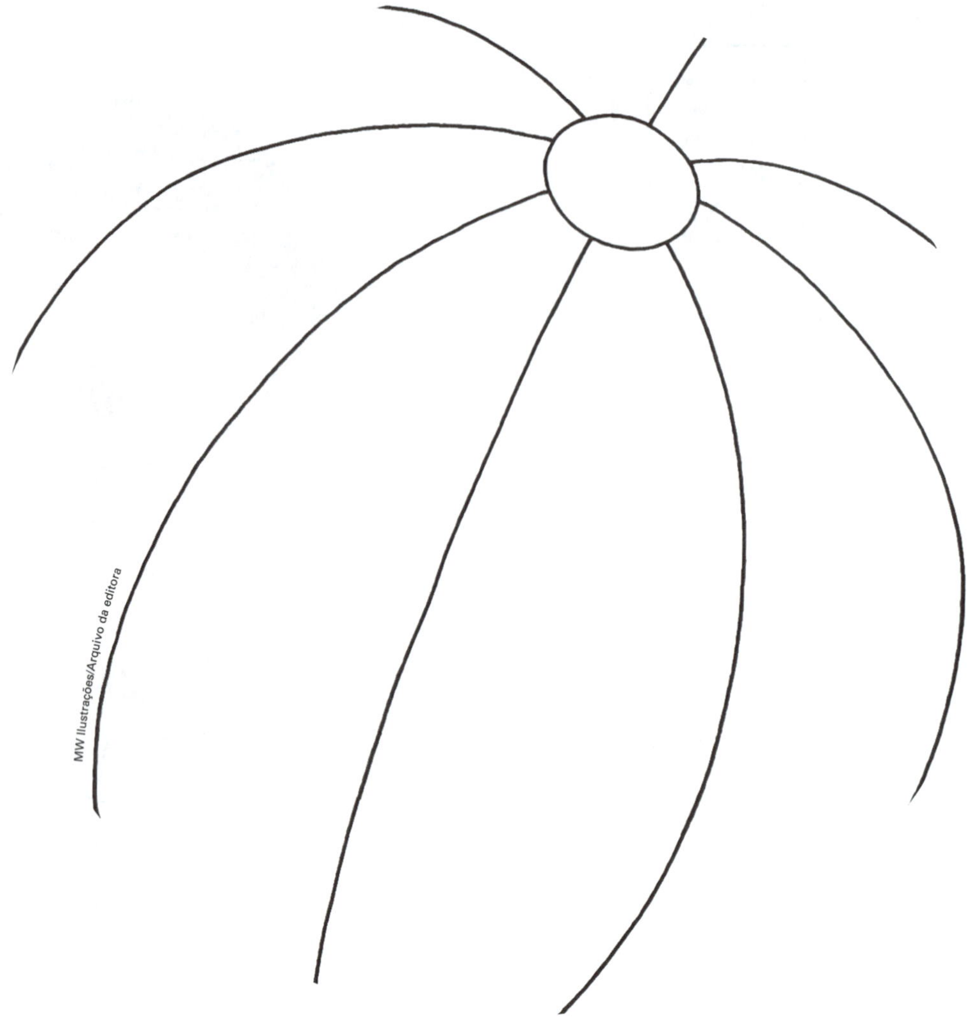

MW Ilustrações/Arquivo da editora

DATA: ____ /____ /____

FAZENDO ARTE

ALGUNS ARTISTAS UTILIZARAM OS BRINQUEDOS COMO TEMA DE SUAS OBRAS DE ARTE. CONHEÇA DOIS EXEMPLOS.

MENINO COM PIÃO, DE CANDIDO PORTINARI, 1947.

A BONECA, DE TARSILA DO AMARAL, 1928.

INSPIRE-SE NOS QUADROS DE CANDIDO PORTINARI E TARSILA DO AMARAL E DESENHE UM BRINQUEDO OU UMA BRINCADEIRA DE QUE VOCÊ GOSTA MUITO.

DATA: ______ /______ /______

BRINCANDO E APRENDENDO EM DIA DE FESTA

HOJE É O ANIVERSÁRIO DE ANA. QUER SABER O QUE ELA GANHOU DE PRESENTE?
PARA DESCOBRIR, PINTE OS ESPAÇOS QUE TÊM ESTE SINAL: •.

Mário Pita/Arquivo da editora

DATA: _____ /_____ /_____

O TEMA É...

AJUDAR OS OUTROS É TÃO BOM!

VOCÊ TEM MUITOS BRINQUEDOS? TEM ALGUM QUE NÃO USA MAIS?
SABIA QUE VOCÊ PODE DOAR ESSES BRINQUEDOS, SE ESTIVEREM EM BOAS CONDIÇÕES, PARA OUTRAS CRIANÇAS? ELAS FICARIAM MUITO FELIZES EM RECEBÊ-LOS.

Vadim Kozlovsky/Shutterstock/Glow Images

UMA DAS BRINCADEIRAS PROPOSTAS NA FESTA DE ANA FOI A DE IMITAR O MOVIMENTO DE ALGUNS ANIMAIS.

CUBRA OS PONTILHADOS COM LÁPIS COLORIDO PARA DESCOBRIR CADA UM DESSES MOVIMENTOS.

Ilustrações: Ilustra Cartoon/ Arquivo da editora

DATA: _____ /_____ /_____

NA FESTA DE ANA HAVIA MUITOS BALÕES.
VAMOS PINTÁ-LOS COM AS CORES INDICADAS?

Ilustra Cartoon/Arquivo da editora

MARIANA, UMA DAS AMIGAS DE ANA, TAMBÉM FOI À FESTA DE ANIVERSÁRIO. VEJA O QUE ANA DESCOBRIU.

Ilustra Cartoon/Arquivo da editora

CANTE A CANTIGA COM OS AMIGOS DA TURMA.

FUI NO ITORORÓ

FUI NO ITORORÓ
BEBER ÁGUA NÃO ACHEI
ACHEI BELA MORENA
QUE NO ITORORÓ DEIXEI

APROVEITA MINHA GENTE
QUE UMA NOITE NÃO É NADA
QUEM NÃO DORMIR AGORA
DORMIRÁ DE MADRUGADA

Ó, **MARIAZINHA**
Ó, **MARIAZINHA**
ENTRARÁS NA RODA
E FICARÁS SOZINHA

— SOZINHA EU NÃO FICO
NEM HEI DE FICAR
POR QUE EU TENHO **JOÃOZINHO**
PARA SER MEU PAR.

CANTIGA POPULAR

Ilustra Cartoon/Arquivo da editora

DATA: ____ /____ /____

FINALMENTE CHEGOU A HORA DE CANTAR PARABÉNS!
A VELA JÁ ESTÁ ACESA!
CANTE COM OS COLEGAS E, DEPOIS, CONTINUE A DESENHAR AS ESTRELINHAS.

PARABÉNS A VOCÊ

PARABÉNS A VOCÊ
NESTA DATA QUERIDA
MUITA FELICIDADE
MUITOS ANOS DE VIDA!

E PRA **ANA** NADA
TUDO!
ENTÃO COMO É QUE É?
É! É PIQUE! É PIQUE! É PIQUE, É PIQUE,
É PIQUE!
É HORA! É HORA! É HORA, É HORA, É HORA!
RÁ, TIM, BUM!

CANTIGA DE BERTHA HOMEM DE MELLO

Ilustra Cartoon/Arquivo da editora

DATA: _____ /_____ /_____

ANA APRENDEU UMA NOVA CANTIGA.
VAMOS APRENDÊ-LA TAMBÉM?

ALECRIM

ALECRIM, ALECRIM DOURADO,
QUE NASCEU NO CAMPO
SEM SER SEMEADO.

FOI MEU AMOR
QUEM ME DISSE ASSIM:
QUE A FLOR DO CAMPO
É O ALECRIM!

CANTIGA POPULAR

Ilustra Cartoon/Arquivo da editora

BRINCANDO E APRENDENDO COM OS ANIMAIS

ANA E BETO FORAM AO ZOOLÓGICO COM OS PAIS.
NO PASSEIO, ELES APRENDERAM QUE OS MACACOS SÃO ANIMAIS MUITO ESPERTOS.
AJUDE OS MACACOS A CHEGAR ATÉ OS GALHOS. PRIMEIRO, CUBRA OS PONTILHADOS. DEPOIS, FAÇA O CAMINHO COMO VOCÊ PREFERIR.

Eric Isselee/Shutterstock/Glow Images

Lev Kropotov/Shutterstock/Glow Images

Eric Isselee/Shutterstock/Glow Images

Lev Kropotov/Shutterstock/Glow Images

DATA: _____ /_____ /_____

BETO VIU UMA ABELHA NO JARDIM DO ZOOLÓGICO!
E VOCÊ, JÁ VIU UMA ABELHA? SABE O SOM QUE ELA FAZ?
CANTE COM OS COLEGAS A CANTIGA A SEGUIR.

FUI MORAR NUMA CASINHA-NHA
JEITOSINHA-NHA,
ARRUMADINHA-NHA.
SAIU DE LÁ-LÁ-LÁ
UMA ABELHINHA-NHA
OLHOU PRA MIM,
OLHOU PRA MIM
E FEZ ASSIM: BZZZZZZZZZ.

CANTIGA POPULAR

Ilustra Cartoon/Arquivo da editora

DATA: _____ /_____ /_____

DESTAQUE AS PEÇAS DA PÁGINA 3 DO **MATERIAL DE APOIO**. DEPOIS, ORGANIZE TODAS ELAS E COLE-AS ABAIXO. VOCÊ FORMARÁ UMA LINDA ABELHA!

ABELHA

abelha

DATA: _____ /_____ /_____

VAMOS AJUDAR A ABELHINHA A CHEGAR ATÉ A COLMEIA?
TRACE O CAMINHO QUE ELA TERÁ DE PERCORRER ATÉ LÁ.

Ilustra Cartoon/Arquivo da editora

CIRCULE A PRIMEIRA LETRA DO NOME DE CADA ANIMAL. DEPOIS, CUBRA OS PONTILHADOS DE CADA LETRA.

ARARA

Eric Isselee/Shutterstock/Glow Images

A

ELEFANTE

Patryk Kosmider/Shutterstock/Glow Images

E

IGUANA

Irina oxilixo Danilova/Shutterstock/Glow Images

I

ONÇA

Anan Kaewkhammul/Shutterstock/Glow Images

O

URSO

Eric Isselee/Shutterstock/Glow Images

U

DATA: _____ /_____ /_____

LEIA O NOME DOS ANIMAIS QUE ANA E BETO MAIS GOSTARAM DE CONHECER E, DEPOIS, COLE OS ADESIVOS DO FINAL DO LIVRO NOS LUGARES CORRETOS.

AVESTRUZ
avestruz

ESQUILO
esquilo

IGUANA
iguana

ONÇA
onça

URUBU
urubu

DATA: ____ /____ /____

QUAIS DOS ANIMAIS ABAIXO VOCÊ JÁ VIU?
DIGA O NOME DE CADA UM DELES, DESCUBRA AS LETRAS QUE ESTÃO FALTANDO E ESCREVA-AS.

Jagodka/Shutterstock/Glow Images

G ___ T ___

Eric Isselee/Shutterstock/Glow Images

V ___ C ___

JIANG HONGYAN/Shutterstock/Glow Images

C ___ ___ LH ___

Eric Isselee/Shutterstock/Glow Images

___ RS ___

tatui suwat/Shutterstock/Glow Images

C ___ G ___ RR ___

nattanan726/Shutterstock/Glow Images

T ___ GR ___

DATA: ____ /____ /____

FAZENDO ARTE

ALDEMIR MARTINS FOI UM ARTISTA BRASILEIRO QUE UTILIZOU OS ANIMAIS COMO TEMA DE ALGUMAS DE SUAS OBRAS. CONHEÇA ALGUNS DOS TRABALHOS DELE.

Imagens: Aldemir Martins/<http://www.estudioaldemirmartins.com>

GALO, DE ALDEMIR MARTINS, 1971.

GATO AZUL, DE ALDEMIR MARTINS, 1982.

PEIXE, DE ALDEMIR MARTINS, 1991.

DATA: _____ /_____ /_____

INSPIRE-SE NAS OBRAS DE ALDEMIR MARTINS E DESENHE AQUI ALGUNS ANIMAIS DE QUE VOCÊ GOSTA.

DATA: _____ /_____ /_____

HORA DE BRINCAR

CANTE COM OS COLEGAS. DEPOIS, LIGUE OS PONTINHOS E DESCUBRA UM LINDO GATINHO.

NÃO ATIRE O PAU NO GATO

NÃO ATIRE O PAU NO GATO-TO,
PORQUE ISSO-SO,
NÃO SE FAZ-FAZ-FAZ.
O GATINHO-NHO
É NOSSO AMIGO-GO
NÃO DEVEMOS
MALTRATAR OS ANIMAIS.
MIAU!

CANTIGA POPULAR

Ilustra Cartoon/Arquivo da editora

DATA: _____ /_____ /_____

BRINCANDO E APRENDENDO COM AS LETRAS

ANA E BETO ADORAM BRINCAR DE FORMAR LETRAS USANDO O PRÓPRIO CORPO. TENTE DESCOBRIR AS LETRAS QUE ELES ESTÃO IMITANDO.

Ilustrações: Ilustra Cartoon/Arquivo da editora

DATA: _____ /_____ /_____

VAMOS CONHECER OUTROS COLEGAS DE ANA?
LIGUE CADA CRIANÇA AO SEU CRACHÁ.

Amélia

Edu

Ivan

Olívia

Ugo

Ilustra Cartoon/Arquivo da editora

EDU

OLÍVIA

AMÉLIA

IVAN

UGO

DATA: ____ /____ /____

PROCURE NO QUADRO O NOME DA CRIANÇA QUE ESTÁ PROPONDO A BRINCADEIRA DE ADIVINHAR E CIRCULE-O.

Ilustra Cartoon/Arquivo da editora

OLÍVIA
ANA
AMÉLIA

DATA: _____ /_____ /_____

AS CRIANÇAS APRENDERAM UMA NOVA CANTIGA QUE FALA SOBRE UM BRINQUEDO MUITO ANTIGO. VAMOS CANTAR TAMBÉM?

O PIÃO ENTROU NA RODA, Ó PIÃO!
O PIÃO ENTROU NA RODA, Ó PIÃO!

RODA PIÃO, BAMBEIA PIÃO!
RODA PIÃO, BAMBEIA PIÃO!

SAPATEIA NO TERREIRO, Ó PIÃO!
SAPATEIA NO TERREIRO, Ó PIÃO!

O PIÃO ENTROU NA RODA, Ó PIÃO!
O PIÃO ENTROU NA RODA, Ó PIÃO!

CANTIGA POPULAR

Ilustra Cartoon/Arquivo da editora

QUAL É O NOME DESSE BRINQUEDO?

DATA: _____ /_____ /_____

MARQUE UM **X** NAS FIGURAS CUJOS NOMES APRESENTAM **-ÃO**, COMO NA PALAVRA **PIÃO**.

Ann Precious/Shutterstock/Glow Images

coração ☐

topseller/Shutterstock/Glow Images

balão ☐

photastic/Shutterstock/Glow Images

dado ☐

Luis Carlos Torres/Shutterstock/Glow Images

pião ☐

Avdeenko/Shutterstock/Glow Images

sabão ☐

Christian Draghici/Shutterstock/Glow Images

violão ☐

MJ Prototype/Shutterstock/Glow Images

mala ☐

Coffee Lover/Shutterstock/Glow Images

mamão ☐

DATA: _____ /_____ /_____

ABC

MARCHA CRIANÇA

EDUCAÇÃO INFANTIL

2

ALMANAQUE DAS LETRAS

LINGUAGEM

editora scipione

editora scipione

Diretoria de conteúdo e inovação pedagógica
Mário Ghio Júnior
Diretoria editorial
Lidiane Vivaldini Olo
Gerência editorial
Luiz Tonolli
Editoria de Anos Iniciais
Tatiany Telles Renó
Edição
Tatiany Telles Renó
Arte
Ricardo de Gan Braga (superv.),
Andréa Dellamagna (coord. de criação),
Gláucia Correa Koller (progr. visual de capa e miolo),
Elen Coppini Camioto (editora de arte) e
Christine Getschko (assist. de arte)
Revisão
Hélia de Jesus Gonsaga (ger.),
Rosângela Muricy (coord.), Ana Curci,
Vanessa de Paula Santos e Brenda Morais (estag.)
Iconografia
Sílvio Kligin (superv.), Tamires Reis Castillo (pesquisa),
César Wolf e Fernanda Crevin (tratamento de imagem)
Foto da capa: HandMadeFont.com/
Shutterstock/Glow Images

Direitos desta edição cedidos à Editora Scipione S.A.
Avenida das Nações Unidas, 7221, 3º andar, Setor D
Pinheiros – São Paulo – SP – CEP 05425-902
Tel.: 4003-3061
www.scipione.com.br / atendimento@scipione.com.br

2019
ISBN 978 85 262 9622 0 (AL)
ISBN 978 85 262 9621 3 (PR)
Cód. da obra CL 738968
CAE 541 666 (AL) / 541 648 (PR)
5ª edição
8ª impressão
Impressão e acabamento
Vox Gráfica

Dados Internacionais de Catalogação na Publicação (CIP)
(Câmara Brasileira do Livro, SP, Brasil)

Marsico, Maria Teresa
Marcha criança : educação infantil : linguagem / Maria Teresa Marsico, Armando Coelho de Carvalho Neto. – – 5. ed. – – São Paulo : Scipione, 2015. – – (Coleção marcha criança)

Obra em 3 v.

1. Educação infantil 2. Linguagem (Educação infantil) I. Carvalho Neto, Armando Coelho de. II. Título. III. Série.

15-02803 CDD-372.21

Índice para catálogo sistemático:
1. Linguagem : Educação infantil 372.21

SUMÁRIO

AS VOGAIS

CUBRA OS PONTILHADOS E ESCREVA A LETRA **A** MINÚSCULA E MAIÚSCULA.

Aaron Amat/Shutterstock/Glow Images

avestruz

Flashon Studio/Shutterstock/Glow Images

Artur

DATA: ____ /____ /____

CUBRA OS PONTILHADOS E ESCREVA A LETRA **E** MINÚSCULA E MAIÚSCULA.

IrinaK/Shutterstock/Glow Images

esquilo

iko/Shutterstock/Glow Images

Eva

e

E

DATA: _____ /_____ /_____

CUBRA OS PONTILHADOS E ESCREVA A LETRA **I** MINÚSCULA E MAIÚSCULA.

tratong/Shutterstock/Glow Images

iguana

YUYI/Shutterstock/Glow Images

Iara

i

I

i i

I I

DATA: ____ /____ /____

CUBRA OS PONTILHADOS E ESCREVA A LETRA **O** MINÚSCULA E MAIÚSCULA.

Eric Isselee/Shutterstock/Glow Images

ovelha

SergiyN/Shutterstock/Glow Images

Otávio

o O

o o O O

DATA: _____ /_____ /_____

CUBRA OS PONTILHADOS E ESCREVA A LETRA **U** MINÚSCULA E MAIÚSCULA.

Iakov Filimonov/Shutterstock/Glow Images

urso

Anastasia Shilova/Shutterstock/Glow Images

Ubiratan

u

U

DATA: _____ /_____ /_____

ATIVIDADE

COMPLETE COM A LETRA INICIAL DO NOME DE CADA FIGURA.

Inna Astakhova/Shutterstock/Glow Images

___velha

Viktar Malyshchyts/Shutterstock/Glow Images

___bacaxi

Eric Isselee/Shutterstock/Glow Images

___rso

Emilio100/Shutterstock/Glow Images

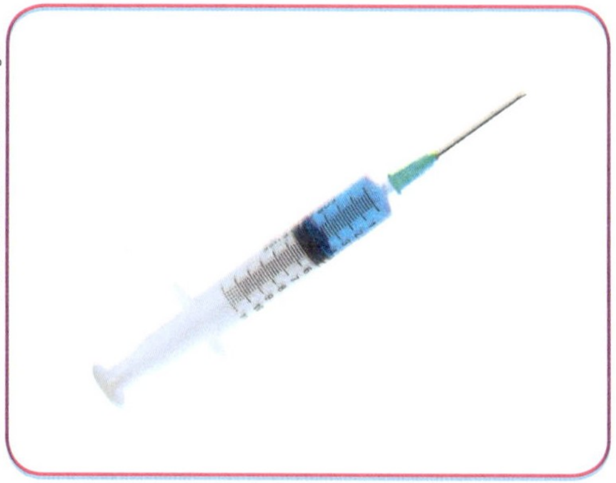

___njeção

irakite/Shutterstock/Glow Images

___lefante

DATA: _____ /_____ /_____

AS CONSOANTES

CUBRA OS PONTILHADOS E ESCREVA A LETRA **B** MINÚSCULA E MAIÚSCULA.

CLS Design/Shutterstock/Glow Images

boneca

Jaimie Duplass/Shutterstock/Glow Images

Bárbara

b B

DATA: _____ /_____ /_____

CUBRA OS PONTILHADOS E ESCREVA A LETRA **C** MINÚSCULA E MAIÚSCULA.

Wuttichok Painichiwarapun/Shutterstock/Glow Images

caderno

ostill/Shutterstock/Glow Images

Carlos

c

C

DATA: _____ /_____ /_____

CUBRA OS PONTILHADOS E ESCREVA A LETRA **D** MINÚSCULA E MAIÚSCULA.

AkeSak/Shutterstock/Glow Images

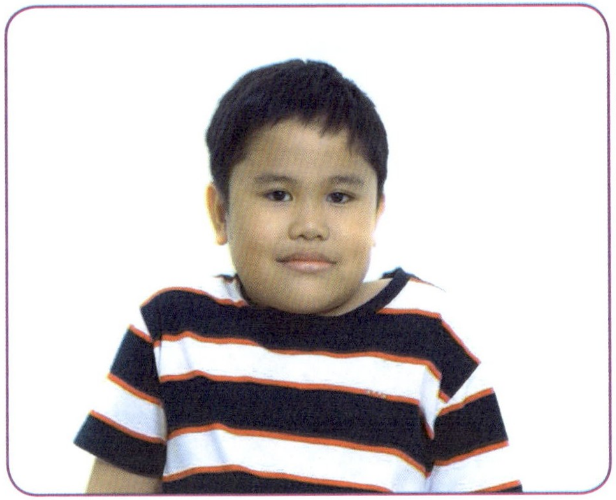

RAGMA IMAGES/Shutterstock/Glow Images

dinossauro

Dênis

DATA: _____ /_____ /_____

CUBRA OS PONTILHADOS E ESCREVA A LETRA **F** MINÚSCULA E MAIÚSCULA.

Hurst Photo/Shutterstock/Glow Images

foguete

Paul Cotney/Shutterstock/Glow Images

Flávia

f

F

f f

F F

DATA: ____ /____ /____

CUBRA OS PONTILHADOS E ESCREVA A LETRA **G** MINÚSCULA E MAIÚSCULA.

Morganka/Shutterstock/Glow Images

guitarra

Samuel Borges Photography/Shutterstock/Glow Images

Gláucia

g

G

g g

G G

DATA: _____ /_____ /_____

CUBRA OS PONTILHADOS E ESCREVA A LETRA **H** MINÚSCULA E MAIÚSCULA.

cyo bo/Shutterstock/Glow Images

hipopótamo

VaLiza/Shutterstock/Glow Images

Humberto

h

H

h h

H H

DATA: _____ /_____ /_____

CUBRA OS PONTILHADOS E ESCREVA A LETRA **J** MINÚSCULA E MAIÚSCULA.

PAISAN HOMHUAN/Shutterstock/Glow Images

jacaré

Max Topchii/Shutterstock/Glow Images

Juliana

j

J

j j

J J

DATA: _____ /_____ /_____

CUBRA OS PONTILHADOS E ESCREVA A LETRA **L** MINÚSCULA E MAIÚSCULA.

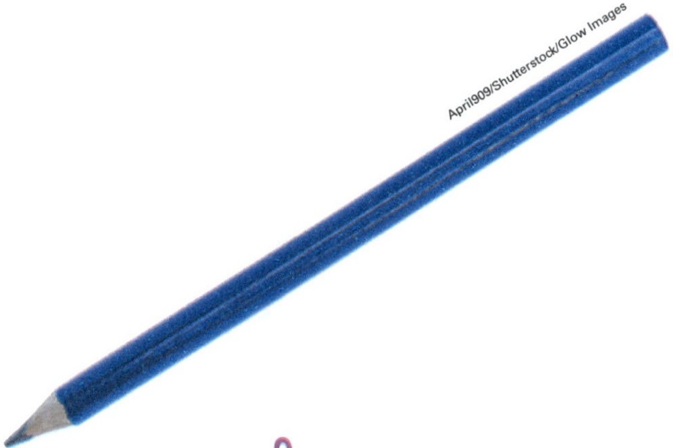

April909/Shutterstock/Glow Images

Gelpi JM/Shutterstock/Glow Images

lápis

Lorena

DATA: _____ /_____ /_____

CUBRA OS PONTILHADOS E ESCREVA A LETRA **M** MINÚSCULA E MAIÚSCULA.

Binh Thanh Bui/Shutterstock/Glow Images

mamão

siro46/Shutterstock/Glow Images

Marcelo

m

M

DATA: ____ /____ /____

CUBRA OS PONTILHADOS E ESCREVA A LETRA **N** MINÚSCULA E MAIÚSCULA.

Sebastian Radu/Shutterstock/Glow Images

navio

Lopolo/Shutterstock/Glow Images

Natália

n

N

n n

N N

DATA: _____ /_____ /_____

CUBRA OS PONTILHADOS E ESCREVA A LETRA **P** MINÚSCULA E MAIÚSCULA.

pavão

Paulo

p P

p p

P P

DATA: ____ /____ /____

CUBRA OS PONTILHADOS E ESCREVA A LETRA **Q** MINÚSCULA E MAIÚSCULA.

Nattika/Shutterstock/Glow Images

queijo

Giuseppe_R/Shutterstock/Glow Images

Quico

DATA: ____ /____ /____

CUBRA OS PONTILHADOS E ESCREVA A LETRA **R** MINÚSCULA E MAIÚSCULA.

TerraceStudio/Shutterstock/Glow Images

relógio

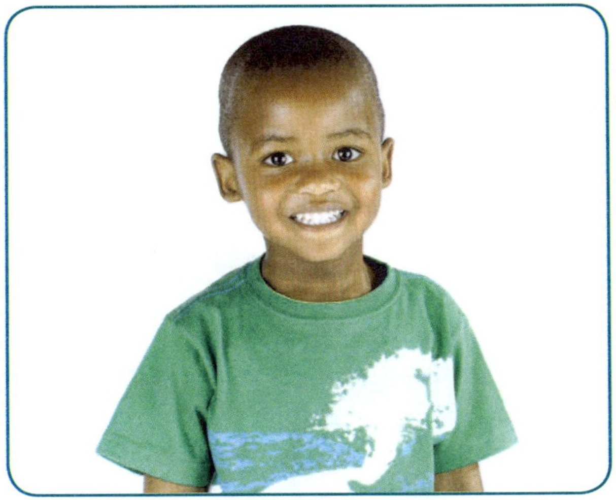

Harm Kruyshaar/Shutterstock/Glow Images

Rafael

r R

DATA: ____ /____ /____

CUBRA OS PONTILHADOS E ESCREVA A LETRA **S** MINÚSCULA E MAIÚSCULA.

kazoka/Shutterstock/Glow Images

sapo

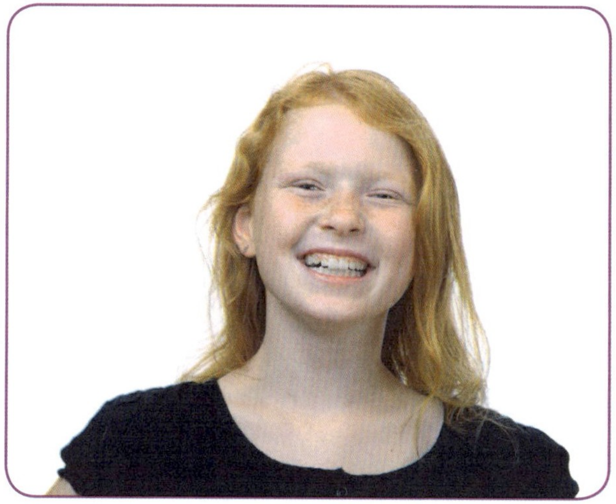

Pete Pahham/Shutterstock/Glow Images

Sofia

DATA: _____ /_____ /_____

CUBRA OS PONTILHADOS E ESCREVA A LETRA **T** MINÚSCULA E MAIÚSCULA.

dive-hive/Shutterstock/Glow Images

SLP_London/Shutterstock/Glow Images

tartaruga

Tiago

t T

DATA: ____ /____ /____

CUBRA OS PONTILHADOS E ESCREVA A LETRA **V** MINÚSCULA E MAIÚSCULA.

ajt/Shutterstock/Glow Images

vassoura

Sergey Novikov/Shutterstock/Glow Images

Vanessa

v v

V V

DATA: ____ /____ /____

CUBRA OS PONTILHADOS E ESCREVA A LETRA **X** MINÚSCULA E MAIÚSCULA.

tartaruga1988/Shutterstock/Glow Images

xadrez

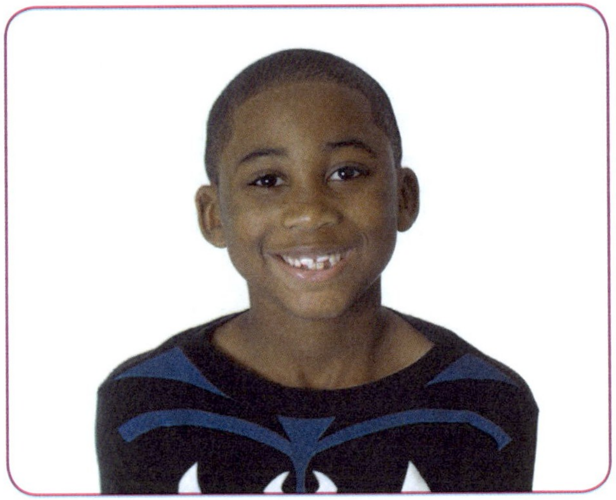

Anton Albert/Shutterstock/Glow Images

Xavier

x X

DATA: ____ /____ /____

CUBRA OS PONTILHADOS E ESCREVA A LETRA **Z** MINÚSCULA E MAIÚSCULA.

Anan Kaewkhammul/Shutterstock/Glow Images

zebra

Olga Sapegina /Shutterstock/Glow Images

Zenaide

z Z

z z

Z Z

DATA: _____ /_____ /_____

AS LETRAS K, W E Y

CUBRA OS PONTILHADOS E ESCREVA A LETRA **K** MINÚSCULA E MAIÚSCULA.

yxm2008/Shutterstock/Glow Images

kart

Tatyana Vyc/Shutterstock/Glow Images

Kelly

k K

k k

K K

DATA: _____ /_____ /_____

CUBRA OS PONTILHADOS E ESCREVA A LETRA **W** MINÚSCULA E MAIÚSCULA.

John Kasawa/Shutterstock/Glow Images

walkie-talkie

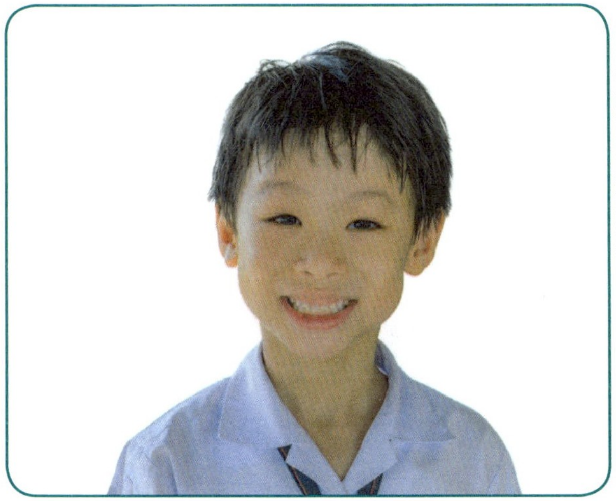

parinyabinsuk/Shutterstock/Glow Images

William

DATA: _____ /_____ /_____

CUBRA OS PONTILHADOS E ESCREVA A LETRA **Y** MINÚSCULA E MAIÚSCULA.

courtyardpix/Shutterstock/Glow Images

yoga

Veronica Louro/Shutterstock/Glow Images

Yasmin

y Y

y y

Y Y

DATA: ____ /____ /____

ATIVIDADE

ESCREVA, NESTA PÁGINA E NAS PÁGINAS SEGUINTES, DUAS PALAVRAS OU DOIS NOMES COM AS LETRAS INDICADAS EM CADA QUADRO.

B b

C c

D d

F f

G g

DATA: ____ /____ /____

Hh

Jj

Ll

Mm

Nn

Pp

Qq

Rr

DATA: ______ /______ /______

Ss

Tt

Vv

Xx

Zz

Kk

Ww

Yy

DATA: _____ /_____ /_____

HORA DA HISTÓRIA

SEBASTIÃO E DANILO

VAMOS OUVIR A LEITURA DA HISTÓRIA OBSERVANDO AS ILUSTRAÇÕES?

SEBASTIÃO ERA UM SAPO. DANILO ERA UM GRILO. SIMPLES ASSIM. ENQUANTO NO RESTO DO MUNDO OS SAPOS COMIAM OS GRILOS E OS GRILOS FUGIAM DOS SAPOS, OS DOIS VIVIAM MUITO BEM, OBRIGADO, E ERAM FELIZES.

A VERDADE É QUE SEBASTIÃO E DANILO ERAM AMIGOS COM MUITAS COISAS EM COMUM. OS DOIS ERAM VERDES. OS DOIS VIVIAM SALTANDO. OS DOIS ADORAVAM PLANTAS DE FOLHAS LARGAS. OS DOIS VIVIAM NA BEIRA DA MESMA LAGOA. OS DOIS ADORAVAM CANTAR À NOITE.

ALIÁS, FOI ESSA HISTÓRIA DE SOLTAR A VOZ QUE FEZ OS DOIS FICAREM FAMOSOS.

EM NOITE DE LUA CLARA, VINHA A BICHARADA TODA PARA OUVIR A CANTORIA. A CORUJA LÁ NO ALTO DA ÁRVORE, OS PEIXINHOS DENTRO DA LAGOA. OS BOIS BEM GRANDES E FORTES, OS MOSQUITINHOS PEQUENININHOS. A LESMA BEM DEVAGAR E OS COELHINHOS CORRENDO, CORRENDO.

Ilustra Cartoon/ Arquivo da editora

SÓ QUE O SUCESSO ERA TANTO QUE LOGO COMEÇOU A CONFUSÃO. TEVE UMA NOITE EM QUE AS LIBÉLULAS, APAIXONADAS PELO GRILO, COMEÇARAM A GRITAR: "DANILO! DANILO! DANILO".

OS JACARÉS, QUE ERAM FÃS DO SAPO, FICARAM COM MUITA RAIVA DAQUILO E LOGO PUXARAM O CORO: "SEBASTIÃO! SEBASTIÃO! SEBASTIÃO!".

A COISA FOI ESQUENTANDO E LOGO OS BICHOS ESTAVAM DIVIDIDOS. MEIO A MEIO, UM TANTO DE CADA LADO. DE UMA HORA PARA OUTRA COMEÇOU A BRIGA.

ERA PENA VOANDO DAQUI, ÁGUA ESPIRRANDO DALI, MIADOS, MUGIDOS, PIADOS, LATIDOS, ROSNADOS, TUDO NUMA BAGUNÇA TÃO GRANDE QUE NINGUÉM ESCUTAVA MAIS A MÚSICA.

NO MEIO DAQUILO TUDO, SEBASTIÃO E DANILO SAÍRAM DE MANSINHO E NUNCA MAIS VOLTARAM ÀQUELA LAGOA, PARA A TRISTEZA DA BICHARADA.

MAS, SE VOCÊ FOR COM CUIDADO, SEM FAZER NENHUM BARULHO, EM UM CERTO BREJO NÃO MUITO LONGE DALI, VAI OUVIR BEM BAIXINHO, QUASE UM SUSSURRO, A MÚSICA MAIS BONITA DAQUELA REGIÃO. SEM PÚBLICO, NEM CONFUSÃO, OS DOIS CONTINUAM JUNTOS, AMIGOS, UMA DUPLA DE VERDADE. CANTANDO SEMPRE, SÓ MESMO PORQUE CANTAR É MUITO BOM.

SEBASTIÃO E DANILO, DE MAURILO ANDREAS. **REVISTA NOVA ESCOLA**, SÃO PAULO, ABRIL, N. 32, JUN. 2010.

Ilustra Cartoon/Arquivo da editora

DATA: _____ /_____ /_____

UNIDADE 2

COMO É BOM APRENDER BRINCANDO!

Juan Carlos Federico/Arquivo da editora

RODA DE CONVERSA

AS CRIANÇAS SE REUNIRAM NO PARQUE PARA BRINCAR. ELAS ESTÃO PULANDO AMARELINHA. VOCÊ CONHECE ESSA BRINCADEIRA? SABE COMO SE BRINCA? CONVERSE COM SEUS COLEGAS.

Ilustra Cartoon/Arquivo da editora

DATA: _____ /_____ /_____

ENQUANTO ANA PULA AMARELINHA, BETO E GABI ESPERAM POR SUA VEZ. CUBRA AS VOGAIS COM GIZ DE CERA. DEPOIS, PINTE A CENA.

AMARELINHA

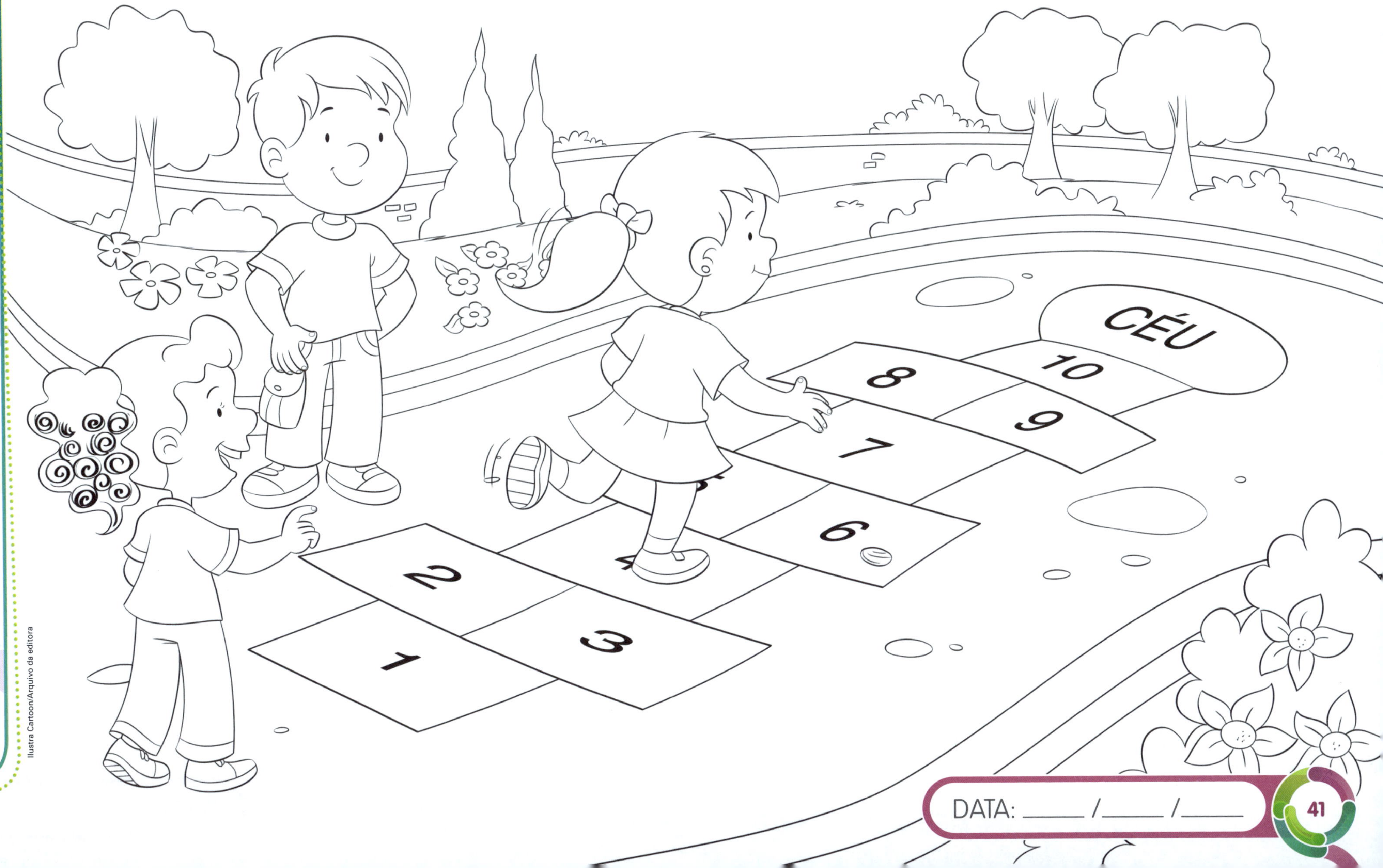

Ilustra Cartoon/Arquivo da editora

DATA: _____ /_____ /_____

VOCÊ SABIA QUE A AMARELINHA É UMA BRINCADEIRA TAMBÉM CONHECIDA POR OUTROS NOMES? CONHEÇA ALGUNS DELES:

ACADEMIA

AMARELÃO

MARÉ

MACACA

CARACOL

AGORA, PINTE OS NOMES QUE VOCÊ NÃO CONHECIA.

DATA: ______ /______ /______

HORA DE BRINCAR

VAMOS BRINCAR DE PULAR AMARELINHA?

1. JUNTE-SE A ALGUNS COLEGAS E ESCOLHAM A ORDEM EM QUE OS PARTICIPANTES VÃO BRINCAR.
2. COM O AUXÍLIO DE UM ADULTO, DESENHEM A AMARELINHA NO CHÃO.
3. O PRIMEIRO JOGADOR LANÇA UMA PEDRINHA NA CASA 1. NÃO PODE JOGAR A PEDRINHA NA CASA ERRADA OU FORA DELA.
4. SEM PISAR NA CASA EM QUE ESTÁ A PEDRINHA, VÁ PULANDO NAS OUTRAS CASAS ATÉ CHEGAR AO **CÉU**.
5. SÓ É PERMITIDO PISAR COM UM PÉ EM CADA CASA E NÃO PODE PISAR NA LINHA OU FORA DA CASA.
6. VOLTE PULANDO DA MESMA MANEIRA, PEGUE A PEDRINHA NA CASA 1 E SAIA DA AMARELINHA SEM PISAR NESSA CASA.
7. NÃO PODE APOIAR A MÃO OU O OUTRO PÉ NO CHÃO PARA PEGAR A PEDRINHA.
8. REPITA JOGANDO A PEDRINHA NA CASA 2, E ASSIM POR DIANTE.
9. SEMPRE QUE O JOGADOR ERRAR, PASSA A VEZ PARA O PRÓXIMO COLEGA. QUANDO FOR SUA VEZ NOVAMENTE, RETOME DE ONDE PAROU.
10. GANHA QUEM COMPLETAR A AMARELINHA PRIMEIRO.

Ilustra Cartoon/Arquivo da editora

DATA: _____ /_____ /_____

O TEMA É...

SABER GANHAR, SABER PERDER!

OBSERVE A CENA E IDENTIFIQUE O PROBLEMA QUE AS CRIANÇAS ESTÃO ENFRENTANDO.

Ilustra Cartoon/Arquivo da editora

COMO VOCÊ ACHA QUE AS CRIANÇAS PODEM RESOLVER ESSE PROBLEMA?

DATA: _____ /_____ /_____

BRINCANDO E APRENDENDO AS VOGAIS

VOCÊ CONHECE AS LETRAS DO ALFABETO? VAMOS LÊ-LAS EM VOZ ALTA?
DEPOIS, VAMOS COMPLETAR O ALFABETO COM AS LETRAS QUE ESTÃO FALTANDO. DESTAQUE AS LETRAS DA PÁGINA 5 DO **MATERIAL DE APOIO** E COLE-AS AQUI.

	B	C	D		F	G
H		J	K	L	M	N
	P	Q	R	S	T	
	V	W	X	Y	Z	

DATA: _____ /_____ /_____

ESTA É AMANDA! ELA TAMBÉM FOI BRINCAR NO PARQUE COM AS OUTRAS CRIANÇAS.

AMANDA A

Amanda a

Ilustra Cartoon/Arquivo da editora

DATA: _____ /_____ /_____

AMANDA LEVOU SUA CORDA AO PARQUE. VOCÊ SABE PULAR CORDA?
CANTE A PARLENDA COM OS COLEGAS E BRINQUE DE PULAR CORDA COM ELES!

UM HOMEM BATEU EM MINHA PORTA
E EU ABRI.
SENHORAS E SENHORES: PÕE A MÃO NO
CHÃO.
SENHORAS E SENHORES: PULE NUM PÉ SÓ.
SENHORAS E SENHORES: DÊ UMA RODADINHA
E VÁ PRO OLHO DA RUA!

PARLENDA POPULAR

Ilustra Cartoon/Arquivo da editora

AGORA, PINTE TODAS AS LETRAS **A** QUE VOCÊ ENCONTRAR NA PARLENDA.

DATA: _____ /_____ /_____

CUBRA OS PONTILHADOS PARA COMPLETAR O NOME DAS FIGURAS COM **A**.

Hong Vo/Shutterstock/Glow Images

ABACATE

Peter Waters/Shutterstock/Glow Images

ABELHA

hacohob/Shutterstock/Glow Images

ANEL

Aksenova Natalya/Shutterstock/Glow Images

PATO

wizdata1/Shutterstock/Glow Images

RICARDO

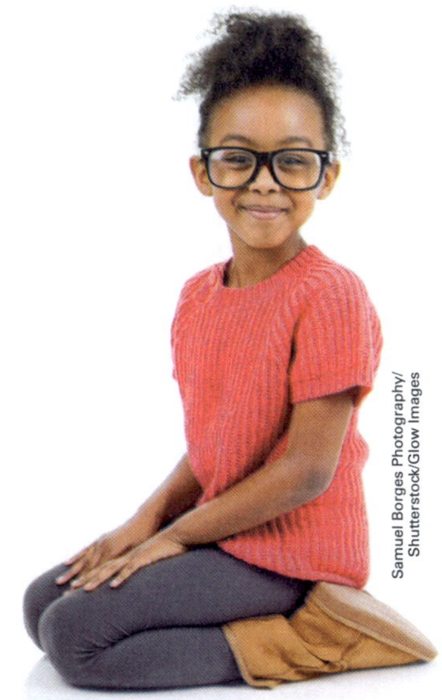

Samuel Borges Photography/Shutterstock/Glow Images

ALICE

DATA: _____ /_____ /_____

ESTE É EDUARDO, MAS TODOS O CHAMAM DE EDU.
ELE LEVOU AO PARQUE UMA PETECA PARA BRINCAR COM OS AMIGOS.

EDU	E
Edu	E

Ilustra Cartoon/Arquivo da editora

DATA: _____ /_____ /_____

FAZENDO ARTE

PETECA

VOCÊ JÁ BRINCOU DE PETECA? QUE TAL FAZER UMA PETECA PARA SE DIVERTIR COM OS COLEGAS?

MATERIAL NECESSÁRIO:

- 2 FOLHAS DE JORNAL
- AREIA
- 1 SAQUINHO PLÁSTICO
- BARBANTE
- TINTA GUACHE
- PINCEL

ENCHA O SAQUINHO PLÁSTICO COM UM POUCO DE AREIA E FECHE-O COM UM NÓ.

COLOQUE O SAQUINHO COM AREIA NO CENTRO DAS FOLHAS DE JORNAL E EMBRULHE-O, DEIXANDO AS PONTAS SOLTAS.

PRENDA O JORNAL USANDO O BARBANTE.

USE O PINCEL E A TINTA GUACHE PARA COLORIR SUA PETECA. DEPOIS É SÓ ESPERAR SECAR!

Ilustrações: Ilustra Cartoon/Arquivo da editora

DATA: ____ /____ /____

CUBRA OS PONTILHADOS PARA COMPLETAR O NOME DAS FIGURAS COM **E**.

Mike Orlon/Shutterstock/Imageplus

ESCOVA

Kuttelvaserova Stuchelova/ Shutterstock/Glow Images

ELISA

Fabio Mangabeira/Arquivo da editora

PETECA

Petr Malyshev/Shutterstock/Glow Images

ESTOJO

Dusan Zidar/Shutterstock/Imageplus

SORVETE

Samuel Borges Photography/ Shutterstock/Glow Images

ELIANE

OBSERVE A CAPA DO LIVRO PREFERIDO DE EDU.

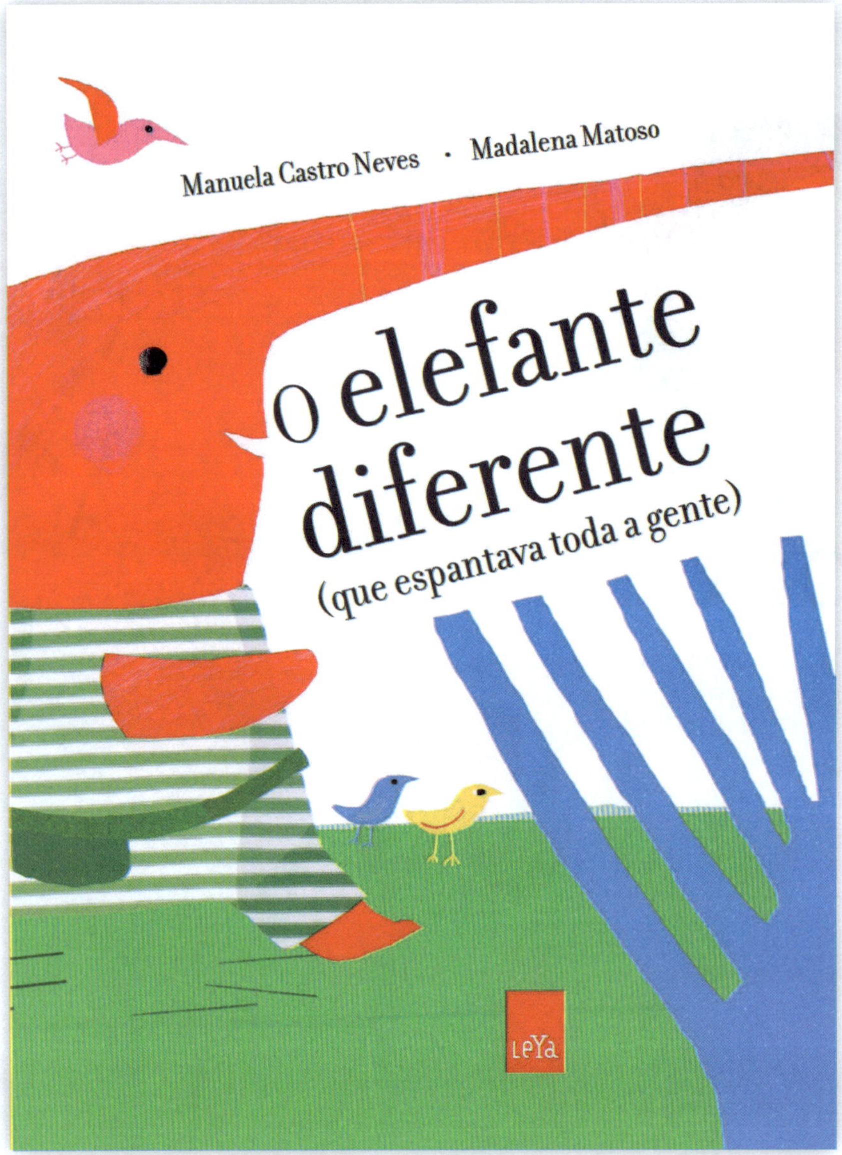

COMO VOCÊ IMAGINA QUE SEJA A HISTÓRIA DESSE LIVRO?
CRIE UMA HISTÓRIA SOBRE ESSE ELEFANTE E CONTE-A AOS SEUS COLEGAS.

DATA: _____ /_____ /_____

CIRCULE DE A FIGURA CUJO NOME TEM A LETRA **A**, E DE A FIGURA CUJO NOME TEM A LETRA **E**.

Stepan Bormotov/Shutterstock/Glow Images

BOLA

paulista/Shutterstock/Glow Images

BOLO

Loguntenko/Shutterstock/Glow Images

PIRULITO

mexrix/Shutterstock/Glow Images

IOGURTE

IVAN LEVOU PARA O PARQUE SUA PIPA. VOCÊ JÁ EMPINOU PIPA? CONTE PARA OS COLEGAS.

IVAN I

Ivan I

Ilustra Cartoon/Arquivo da editora

DATA: _____ /_____ /_____

VOCÊ SABIA QUE A PIPA TEM NOMES DIFERENTES NAS DIVERSAS REGIÕES DO BRASIL? VOCÊ CONHECE ALGUM DESSES NOMES? PINTE-O.

PAPAGAIO	ARRAIA	CAFIFA	PANDORGA	RAIA

AGORA, TERMINE DE PINTAR A CENA COM AS CORES INDICADAS.

Ilustra Cartoon/Arquivo da editora

CUBRA OS PONTILHADOS PARA COMPLETAR O NOME DAS FIGURAS COM **I**.

Helder Almeida/Shutterstock/Glow Images

CA⁞XA

Skozka Grez/Shutterstock/Imageplus

MELANC⁞A

michaeljung/Shutterstock/Glow Images

⁞NÁC⁞O

Kunertus/Shutterstock/Glow Images

P⁞COLÉ

michaeljung/Shutterstock/Glow Images

⁞RAC⁞

Robert Eastman/Shutterstock/Glow Images

PAPAGA⁞O

DATA: _____ /_____ /_____

PARA DESCOBRIR O NOME DO ANIMAL, COMPLETE A PALAVRA COM A LETRA **I**.

fivespots/Shutterstock/Glow Images

J____BO____A

AGORA, DESCUBRA A PALAVRA QUE ENCONTRAMOS DENTRO DA PALAVRA **JIBOIA**.

Klett/Shutterstock/Glow Images

BO____A

DATA: _____ /_____ /_____

ESTA É OLÍVIA.
CUBRA OS PONTILHADOS PARA DESCOBRIR QUAL BRINQUEDO ELA LEVOU AO PARQUE.

OLÍVIA O
Olívia O

Ilustra Cartoon/Arquivo da editora

DATA: _____ /_____ /_____

CUBRA A LETRA **O** E DESCUBRA NOMES DE BRINQUEDOS. DEPOIS, FAÇA O DESENHO OU COLE IMAGENS DOS BRINQUEDOS.

IOIÔ

CARRINHO

BOLA

AVIÃO

DATA: _____ /_____ /_____

LEIA A ADIVINHA E DESCUBRA A RESPOSTA, COMPLETANDO A PALAVRA COM A LETRA **O**.

O QUE É, O QUE É?
QUAL É O ANIMAL QUE ANDA COM OS PÉS NA CABEÇA?

Ilustra Cartoon/Arquivo da editora

PI____LH____

DENTRO DA PALAVRA **PIOLHO** DESCUBRO...

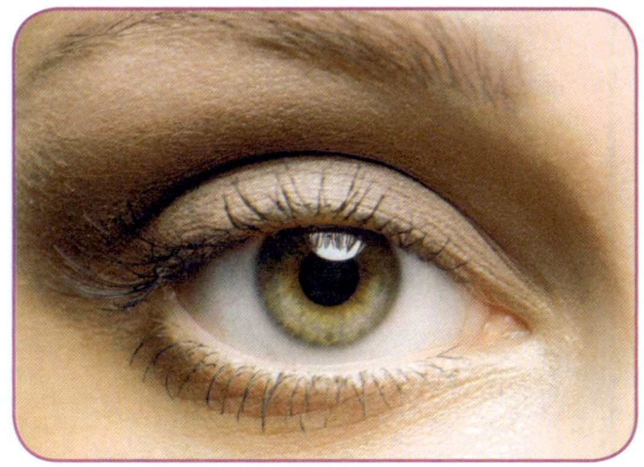

Malyugin/Shutterstock/Glow Images

____LH____

DATA: ____ /____ /____

LIGUE AS FIGURAS AO NOME DELAS. DEPOIS, ESCREVA NO QUADRINHO A LETRA INICIAL DE CADA UMA DELAS.

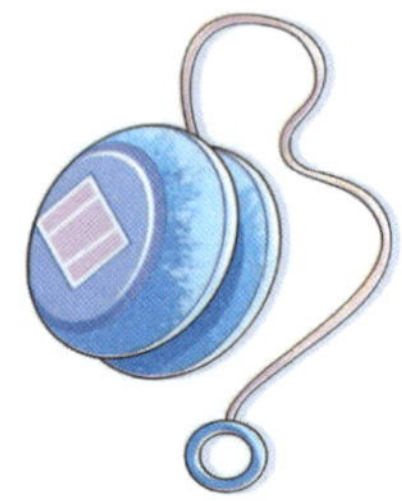

Ilustrações: Ilustra Cartoon/Arquivo da editora

APITO ☐ **EMA** ☐ **IOIÔ** ☐ **ONÇA** ☐

ESTE É ULISSES. ELE É IRMÃO DE JULIANA.

ULISSES	U
Ulisses	U

JULIANA	U
Juliana	u

Ilustra Cartoon/Arquivo da editora

ULISSES E JULIANA ADORAM BRINCAR DE **UNI-DUNI-TÊ** COM OUTRAS CRIANÇAS NO PARQUE. CANTE A PARLENDA E BRINQUE VOCÊ TAMBÉM! DEPOIS, FAÇA UM DESENHO PARA ILUSTRAR A PARLENDA.

UNI-DUNI-TÊ,
SALAMÊ, MINGUÊ.
UM SORVETE COLORÊ,
O ESCOLHIDO FOI VOCÊ!

PARLENDA POPULAR

DATA: _____ /_____ /_____

DESCUBRA O NOME DESTAS FIGURAS COMPLETANDO OS ESPAÇOS COM A LETRA **U**.

Fabio Colombini/Acervo do fotógrafo

___R___B___

Michel Cecconi/Shutterstock/Glow Images

IGL___

Luiz Antonio da Silva/Shutterstock/Glow Images

T___CANO

dnaveh/Shutterstock/Glow Images

P___LSEIRA

Clearlens/Shutterstock/Imageplus

___VA

Hashim Pudiyapura/Shutterstock/Imageplus

L___A

DATA: ____/____/____

HORA DE BRINCAR

VOCÊ JÁ BRINCOU DE DOMINÓ?
NESTE DOMINÓ, VOCÊ PRECISARÁ RELACIONAR FIGURAS, PALAVRAS E LETRAS. VAMOS JOGAR?

Banco de imagens/Arquivo da editora

1. CONVIDE UM COLEGA PARA BRINCAR.
2. DESTAQUE AS PEÇAS DA PÁGINA 5 DO **MATERIAL DE APOIO**.
3. DIVIDA AS PEÇAS ENTRE VOCÊ E O COLEGA.
4. TIREM 2 OU 1 PARA DECIDIR QUEM COMEÇA A BRINCADEIRA.
5. O PRIMEIRO JOGADOR COLOCA UMA PEÇA NA MESA.
6. O JOGADOR SEGUINTE DEVERÁ COLOCAR UMA PEÇA QUE SE LIGUE A UM DOS LADOS DA PEÇA COLOCADA PELO COLEGA. VEJA O EXEMPLO ABAIXO.
7. SE O JOGADOR NÃO TIVER NENHUMA PEÇA PARA JOGAR, PASSA A VEZ.
8. VENCE O JOGO QUEM USAR TODAS AS PEÇAS PRIMEIRO.

DATA: _____ /_____ /_____

DEPOIS DE MUITO BRINCAR, ALGUMAS CRIANÇAS FIZERAM UM PIQUENIQUE NO PARQUE.
VEJA QUANTOS ALIMENTOS GOSTOSOS!
COMPLETE O NOME DOS ALIMENTOS COM AS VOGAIS.

Ilustra Cartoon/Arquivo da editora

DATA: ____ /____ /____

PINTE A LETRA INICIAL DO NOME DE CADA FIGURA.

volkova natalia/Shutterstock/Glow Images

a e i

o u

Valentyn Volkov/Shutterstock/Glow Images

a e i

o u

Elnur/Shutterstock/Glow Images

a e i

o u

Rueangrit Srisuk/
Shutterstock/Glow Images

a e i

o u

joppo/Shutterstock/Glow Images

a e i

o u

FAZENDO ARTE

VEJA ESTA TELA PINTADA POR RICARDO FERRARI. ELA RETRATA DIVERSAS BRINCADEIRAS. VOCÊ JÁ BRINCOU DE ALGUMA DELAS?

Ricardo Ferrari/Acervo do artista

BRINCADEIRAS SEM FIM, DE RICARDO FERRARI, 2011.

DATA: _____ /_____ /_____

AGORA, VOCÊ É O ARTISTA! DESENHE AS BRINCADEIRAS DE QUE VOCÊ MAIS GOSTA!

pzAxe/Shutterstock/Glow Images

DATA: _____ /_____ /_____

HORA DA HISTÓRIA

DE BEM COM A VIDA

VAMOS OUVIR A LEITURA DA HISTÓRIA, OBSERVANDO AS ILUSTRAÇÕES?

FILÓ, A JOANINHA, ACORDOU CEDO.
– QUE LINDO DIA! VOU APROVEITAR PARA VISITAR MINHA TIA.
– ALÔ, TIA MATILDE. POSSO IR AÍ HOJE?
– VENHA, FILÓ. VOU FAZER UM ALMOÇO BEM GOSTOSO.
FILÓ COLOCOU SEU VESTIDO AMARELO DE BOLINHAS PRETAS, PASSOU BATOM COR-DE-ROSA, CALÇOU OS SAPATINHOS DE VERNIZ, PEGOU O GUARDA-CHUVA PRETO E SAIU PELA FLORESTA: PLECHT, PLECHT...
ANDOU, ANDOU... E LOGO ENCONTROU LORETA, A BORBOLETA.
– QUE LINDO DIA!
– E PRA QUE ESSE GUARDA-CHUVA PRETO, FILÓ?
– É MESMO! – PENSOU A JOANINHA. E FOI PARA CASA DEIXAR O GUARDA-CHUVA.
DE VOLTA À FLORESTA:
– SAPATINHOS DE VERNIZ? QUE EXAGERO! – DISSE O SAPO TATÁ. –
– HOJE NEM TEM FESTA NA FLORESTA.
– É MESMO! – PENSOU A JOANINHA. E FOI PARA CASA TROCAR OS SAPATINHOS.

Ilustra Cartoon/Arquivo da editora

DE VOLTA À FLORESTA:

– BATOM COR-DE-ROSA? QUE ESQUISITO! – DISSE TEO, O GRILO FALANTE.

– É MESMO! – DISSE A JOANINHA. E FOI PARA CASA TIRAR O BATOM.

– VESTIDO AMARELO COM BOLINHAS PRETAS? QUE FEIO! POR QUE NÃO USA O VERMELHO? – DISSE A ARANHA FILOMENA.

– É MESMO! – PENSOU FILÓ. E FOI PARA CASA TROCAR DE VESTIDO.

CANSADA DA TANTO IR E VOLTAR, FILÓ RESMUNGAVA PELO CAMINHO. O SOL ESTAVA TÃO QUENTE QUE A JOANINHA RESOLVEU DESISTIR DO PASSEIO.

CHEGANDO EM CASA, LIGOU PARA TIA MATILDE.

– TITIA, VOU DEIXAR A VISITA PARA OUTRO DIA.

– O QUE ACONTECEU, FILÓ?

– AH! TIA MATILDE! ACORDEI CEDO, ME ARRUMEI BEM BONITA E SAÍ ANDANDO PELA FLORESTA. MAS NO CAMINHO...

– LEMBRE-SE, FILOZINHA... GOSTO DE VOCÊ DO JEITINHO QUE VOCÊ É. VENHA AMANHÃ, ESTAREI TE ESPERANDO COM UM ALMOÇO BEM GOSTOSO.

NO DIA SEGUINTE, FILÓ ACORDOU DE BEM COM A VIDA. COLOCOU SEU VESTIDO AMARELO DE BOLINHAS PRETAS, AMARROU A FITA NA CABEÇA, PASSOU BATOM COR-DE-ROSA, CALÇOU SEUS SAPATINHOS DE VERNIZ, PEGOU O GUARDA-CHUVA PRETO, SAIU ANDANDO APRESSADINHA PELA FLORESTA, PLECHT, PLECHT, PLECHT... E SÓ PAROU PARA DESCANSAR NO COLO GOSTOSO DA TIA MATILDE.

DE BEM COM A VIDA, DE NYE RIBEIRO. NOVA ESCOLA. SÃO PAULO: ABRIL. DISPONÍVEL EM: <HTTP://REVISTAESCOLA.ABRIL.COM.BR/CRECHE-PRE-ESCOLA/BEM-VIDA-634355.SHTML>. ACESSO EM: 4 MAR. 2015.

Ilustra Cartoon/Arquivo da editora

UNIDADE 3

O ENCONTRO DAS LETRAS

Juan Carlos Federico/Arquivo da editora

RODA DE CONVERSA

OBSERVE AS LETRAS QUE O PROFESSOR ESTÁ MOSTRANDO ÀS CRIANÇAS.
QUE LETRAS SÃO ESTAS? E SE JUNTARMOS ESSAS LETRAS, QUE PALAVRA VAMOS FORMAR?

Ilustra Cartoon/Arquivo da editora

DATA: _____ /_____ /_____

BRINCANDO COM AS VOGAIS

OBSERVE AS VOGAIS DESTAS CARTAS.
SE AS JUNTARMOS, QUE PALAVRAS FORMAREMOS? VEJA:

E U e u EU eu

I A i a IA ia

NA CANTIGA A SEGUIR, CIRCULE AS PALAVRAS QUE TÊM **EU** E PINTE AS PALAVRAS QUE TÊM **IA**. DEPOIS CANTE A CANTIGA COM OS COLEGAS.

O MEU CHAPÉU TEM TRÊS PONTAS
TEM TRÊS PONTAS O MEU CHAPÉU
SE NÃO TIVESSE TRÊS PONTAS
NÃO SERIA O MEU CHAPÉU.

CANTIGA POPULAR

DATA: _____ /_____ /_____

LEO E BIA SÃO AMIGOS E ESTUDAM NA MESMA TURMA.
CUBRA OS PONTILHADOS PARA SABER O QUE ELAS ESTÃO DIZENDO.

Ilustra Cartoon/Arquivo da editora

DATA: _____ /_____ /_____

CUBRA OS PONTILHADOS PARA COMPLETAR AS FALAS.

Ilustra Cartoon/Arquivo da editora

COMO VOCÊ VIU, PODEMOS COMBINAR AS VOGAIS DE VÁRIAS FORMAS.
CUBRA OS PONTILHADOS PARA COMPLETAR AS PALAVRAS DO QUADRO.
DEPOIS ESCOLHA UMA DAS PALAVRAS E FAÇA UM DESENHO PARA REPRESENTÁ-LA.

RAINHA	AVIÃO	IOIÔ	CANOA

DATA: _____ /_____ /_____

VAMOS CANTAR A CANTIGA JUNTOS?
DEPOIS PINTE COM GIZ DE CERA AS VOGAIS QUE APARECEM JUNTAS.

O BALÃO VAI SUBINDO
VEM CAINDO A GAROA
O CÉU É TÃO LINDO
E A NOITE É TÃO BOA
SÃO JOÃO, SÃO JOÃO,
ACENDE A FOGUEIRA
DO MEU CORAÇÃO

CANTIGA POPULAR

Ilustra Cartoon/Arquivo da editora

AGORA COMPLETE AS PALAVRAS COM **ÃO**.

Lalahouse/Shutterstock/Glow Images

CORAÇ____ ____

Keanu/Shutterstock/Glow Images

BAL____ ____

FAZENDO ARTE

HOJE OS BALÕES SÃO PROIBIDOS, MAS ANTIGAMENTE ELES ERAM MUITO COMUNS EM FESTAS JUNINAS. ELES ESTÃO PRESENTES EM MUITAS OBRAS DE ARTE. APRECIE ESTA:

Robson Faria Barros/Arquivo da editora

FESTA JUNINA, DE ROBSON BARROS. 2013.

DATA: _____ /_____ /_____

AGORA É A SUA VEZ DE DESENHAR E PINTAR UM LINDO BALÃO!
USE GIZ DE CERA DE CORES VARIADAS. DEPOIS, MOSTRE AOS COLEGAS.

DATA: _____ /_____ /_____

BRINCANDO COM AS CONSOANTES

VEJA ALGUMAS PÁGINAS DO ÁLBUM QUE O PROFESSOR MOSTROU ÀS CRIANÇAS.

Jiri Miklo/Shutterstock/Glow Images

ABACAXI

a A

a A

Christophe Testi/Shutterstock/Glow Images

BOLA

b B

b B

Nata-Lia/Shutterstock/Glow Images

COCO

c C

c C

Tatiana Popova/Shutterstock/Glow Images

DADO

d D

d D

Four Oaks/Shutterstock/Glow Images

ELEFANTE

e E

e E

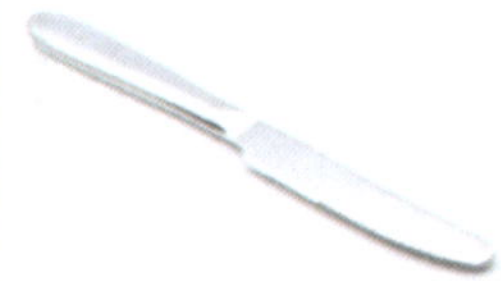

anuphadit/Shutterstock/Glow Images

FACA

f F

f F

Kirill Vorobyev/Shutterstock/Glow Images

GATO

g G

g G

Eric Isselée/Shutterstock/Glow Images

HIPOPÓTAMO

h H

h H

Donald Gargano/Shutterstock/Glow Images

IOIÔ

i I

i I

seaskylab/Shutterstock/Glow Images

JACARÉ

j J

j J

Pixel Embargo/Shutterstock/Glow Images

KETCHUP

k K

k K

Nattika/Shutterstock/Glow Images

LARANJA

l L

l L

Ilustra Cartoon/Arquivo da editora

DATA: _____ /_____ /_____

Denis Dryashkin/Shutterstock/Glow Images

MAÇÃ

m M

m M

Andresr/Shutterstock/Glow Images

NUVEM

n N

n N

Jiri Hera /Shutterstock/Glow Images

OVO

o O

o O

Pandapaw/Shutterstock/Glow Images

PATO

p P

p P

Yevgen Romanenko/Shutterstock/Glow Images

QUEIJO

q Q

q Q

Vladislav/Shutterstock/Glow Images

RÃ

r R

r R

Thomas M. Perkins/Shutterstock/Glow Images

SORVETE

s S

s S

Eric Isselée/Shutterstock/Glow Images

TATU

t T

t T

Rudy Umans/Shutterstock/Glow Images

URUBU

u U

u U

Eric Isselée/Shutterstock/Glow Images

VACA

v V

v V

Sergey Novikov/Shutterstock/Glow Images

WILSON

w W

w W

terekhov igor/Shutterstock/Glow Images

XÍCARA

x X

x X

iodrakon/Shutterstock/Glow Images

YARA

y Y

y Y

Anan Kaewkhammul/Shutterstock/Glow Images

ZEBRA

z Z

z Z

Ilustra Cartoon/Arquivo da editora

DATA: _____ /_____ /_____

CONSOANTE B

ENTROU UMA NOVA ALUNA NA CLASSE DE LEO E BIA. O NOME DELA É BIANCA. O BRINQUEDO DE QUE ELA MAIS GOSTA TAMBÉM COMEÇA COM A LETRA **B**. QUEM ADIVINHA QUE BRINQUEDO É?

BIANCA
Bianca

BOLA
bola

Ilustrações: Ilustra Cartoon/Arquivo da editora

LIGUE OS PONTOS E DESCUBRA QUAL É O BRINQUEDO. DEPOIS ESCREVA NO QUADRO O NOME DELE COMO VOCÊ SOUBER.

DATA: _____ /_____ /_____

CUBRA OS PONTILHADOS DA LETRA **B** CURSIVA. DEPOIS PINTE OS BRINQUEDOS QUE TÊM O NOME COMEÇADO POR ESSA LETRA.

Ilustrações: MW Ilustrações/ Arquivo da editora

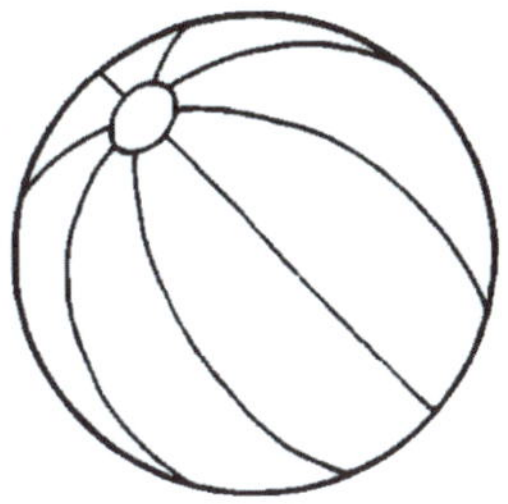

bola

peteca

boneca

DESENHE UM BRINQUEDO OU BRINCADEIRA QUE TENHA A LETRA **B**. DEPOIS ESCREVA O NOME DELE COMO VOCÊ SOUBER.

DATA: _____ /_____ /_____

CONSOANTE C

NA AULA DE HOJE, CARLOS FEZ O DESENHO DA CASA ONDE MORA.

Ilustra Cartoon/Arquivo da editora

ESCREVA A LETRA **C** NA LINHA ABAIXO.
DEPOIS DESENHE A SUA CASA NO ESPAÇO AO LADO.

____

CIRCULE AS FIGURAS QUE POSSUEM A LETRA **C** NO NOME.

Nattika/Shutterstock/Glow Images

CADERNO

cynoclub/Shutterstock/Glow Images

VENTILADOR

Dan70/Shutterstock/Glow Images

CAMA

Rob Wilson/Shutterstock/Glow Images

ÓCULOS

CUBRA OS PONTILHADOS DA LETRA **C** PARA COMPLETAR O NOME DAS FIGURAS. DEPOIS LEIA AS PALAVRAS COM O PROFESSOR.

cavalo

pipoca

macaco

Caio

Ilustrações: Ilustra Cartoon/Arquivo da editora

CONSOANTE D

DANIEL ADOROU A HISTÓRIA SOBRE DINOSSAUROS CONTADA PELO PROFESSOR.

ENCONTRE A PEÇA QUE FALTA PARA COMPLETAR O QUEBRA-CABEÇA DO DINOSSAURO.

Ilustrações: Ilustra Cartoon/Arquivo da editora

DATA: _____ /_____ /_____

CUBRA OS PONTILHADOS COM A LETRA **D** PARA COMPLETAR O NOME DAS FIGURAS. DEPOIS LEIA AS PALAVRAS PARA O PROFESSOR.

David Stuart Productions/Shutterstock/Glow Images

dado

sai0112/Shutterstock/Glow Images

cadeado

ID1974/Shutterstock/Glow Images

cadeira

Szasz-Fabian Ilka Erika/Shutterstock/Glow Images

Diego

iodrakon/Shutterstock/Glow Images

Débora

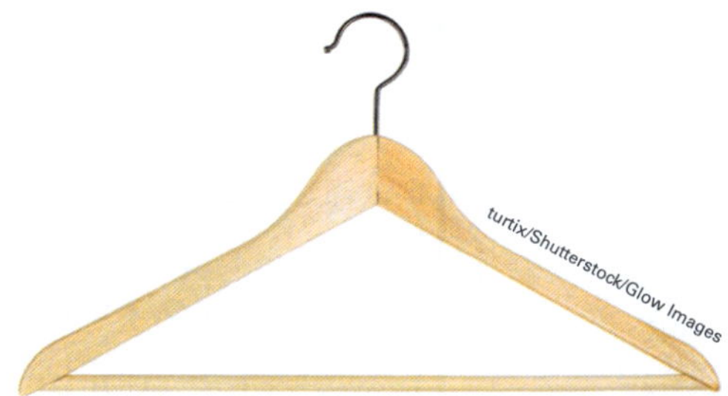

turtix/Shutterstock/Glow Images

cabide

DATA: _____ /_____ /_____

CONSOANTE F

FABIANA GOSTA DE CUIDAR DAS FLORES.

FABIANA
Fabiana

FLORES
flores

CANTE A CANTIGA COM SEUS COLEGAS. DEPOIS TERMINE DE DESENHAR A FLOR.

OH! FLOR, OH, LINDA FLOR!
OH! FLOR, VEM CÁ!
OH! FLOR, OH, LINDA FLOR!
PARECE FLOR DE MARACUJÁ!
SENHORA DONA FABIANA
FAZ FAVOR DE ENTRAR NA RODA
DIGA UM VERSO BEM BONITO
DÊ ADEUS E VÁ EMBORA.

CANTIGA POPULAR

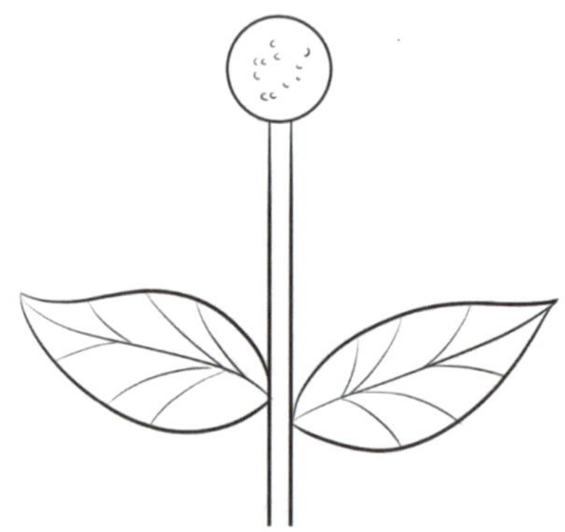

Ilustrações: Ilustra Cartoon/Arquivo da editora

DATA: _____ /_____ /_____

CANTE MAIS ESTA CANTIGA COM OS COLEGAS. DEPOIS CUBRA OS PONTILHADOS PARA COMPLETAR AS PALAVRAS.

FUI AO MERCADO COMPRAR CAFÉ
E A FORMIGUINHA PICOU O MEU PÉ
EU SACUDI, SACUDI, SACUDI
MAS A FORMIGUINHA NÃO PARAVA DE SUBIR

FUI AO MERCADO COMPRAR BATATA-ROXA
E A FORMIGUINHA PICOU A MINHA COXA
EU SACUDI, SACUDI, SACUDI
MAS A FORMIGUINHA NÃO PARAVA DE SUBIR

FUI AO MERCADO COMPRAR MAMÃO
E A FORMIGUINHA PICOU A MINHA MÃO
EU SACUDI, SACUDI, SACUDI
MAS A FORMIGUINHA NÃO PARAVA DE SUBIR

CANTIGA POPULAR

Ilustrações: Ilustra Cartoon/Arquivo da editora

formiguinha

café

CONSOANTE G

GABRIEL FOI À ESCOLA DE GUARDA-CHUVA.

GABRIEL
Gabriel

GUARDA-CHUVA
guarda-chuva

Ilustra Cartoon/Arquivo da editora

O GUARDA-CHUVA DE GABRIEL TEM A ESTAMPA DE UM ANIMAL. VOCÊ SABE QUAL É? ESCREVA A LETRA **G** PARA COMPLETAR O NOME DELE.

____ATO

FAÇA O DESENHO DE OUTRO ANIMAL QUE TEM O NOME INICIADO PELA LETRA **G**.

DATA: _____ /_____ /_____

CANTE A CANTIGA. DEPOIS AJUDE O GATO A ENCONTRAR A GATINHA PARDA.

AI, MINHA GATINHA PARDA
QUE EM JANEIRO ME FUGIU.
QUEM ROUBOU MINHA GATINHA?
VOCÊ SABE, VOCÊ VIU?

CANTIGA POPULAR

Ilustra Cartoon/Arquivo da editora

COMPLETE O NOME DESTES ANIMAIS.

TTstudio/Shutterstock/Glow Images

galinha

Dennis Donohue/Shutterstock/Glow Images

gorila

Pyty/Shutterstock/Glow Images

girafa

CONSOANTE H

A TURMA DE HELOÍSA FEZ UMA HORTA NA ESCOLA.

Ilustra Cartoon/Arquivo da editora

ASSINALE O QUE É CULTIVADO EM UMA HORTA.

Maks Narodenko/Shutterstock/Glow Images

☐ TOMATE

Maks Narodenko/Shutterstock/Glow Images

☐ ABACAXI

Maks Narodenko/Shutterstock/Glow Images

☐ SALSA

johnfoto18/Shutterstock/Glow Images

☐ ALFACE

CUBRA OS PONTILHADOS DA LETRA **H** PARA COMPLETAR AS PALAVRAS. DEPOIS LIGUE CADA FIGURA AO NOME DELA.

Gualtiero Boffi/Shutterstock/Glow Images

Maria Uspenskaya/Shutterstock/Glow Images

Maxim Petrichuk/Shutterstock/Glow Images

Heitor helicóptero hiena

DATA: ____ /____ /____

O TEMA É...

ALIMENTAÇÃO SAUDÁVEL!

AGORA É HORA DO LANCHE! VEJA O QUE LEO E BIA TROUXERAM NA LANCHEIRA.

Ilustra Cartoon/Arquivo da editora

QUAL DAS CRIANÇAS VOCÊ ACHA QUE VAI COMER ALIMENTOS MAIS SAUDÁVEIS? POR QUÊ?

DATA: _____ /_____ /_____

PARA QUE TENHAMOS UMA BOA SAÚDE, É MUITO IMPORTANTE CONSUMIRMOS ALIMENTOS SAUDÁVEIS.

VAMOS MONTAR UM LANCHE SAUDÁVEL? ESCOLHA TRÊS ALIMENTOS PARA COLOCAR NA LANCHEIRA.

Ilustrações: Ilustra Cartoon/Arquivo da editora

Alex Staroseltsev/Shutterstock/Glow Images; Maks Narodenko/Shutterstock/Glow Images; Dan Kosmayer/Shutterstock/Glow Images; Francisco Amaral Leitao/Shutterstock/Glow Images; Viktor1/Shutterstock/Glow Images; fotostokers/Shutterstock/Glow Images; mexrix/Shutterstock/Glow Images; Fotofermer/Shutterstock/Glow Images; Brenda Carson/Shutterstock/Glow Images; BrazilPhotos/Shutterstock/Glow Images; Alex Staroseltsev/Shutterstock/Glow Images

DATA: _____ /_____ /_____

CONSOANTE J

JOÃO COMEU JABUTICABA NA HORA DO LANCHE.

Ilustra Cartoon/Arquivo da editora

COMPLETE AS PALAVRAS COM A LETRA **J** E DESCUBRA OUTRAS FRUTAS QUE TÊM ESSA LETRA.

upinamba/Shutterstock/Glow Images

Ratchapol/Shutterstock/Glow Images

panda3800/Shutterstock/Glow Images

Tim UR/Shutterstock/Glow Images

CA____U MARACU____Á ____ACA CERE____A

DATA: ____ /____ /____

CUBRA OS PONTILHADOS PARA DESCOBRIR NOVAS PALAVRAS COM A LETRA **J**.

PHOTO FUN/Shutterstock/Glow Images

joaninha

FooTToo/Shutterstock/Glow Images

janela

iPortret/Shutterstock/Glow Images

Jorge

Fabio Colombini/Acervo do fotógrafo

jegue

DESENHE UM OBJETO OU ANIMAL QUE TENHA O NOME INICIADO COM A LETRA **J**. DEPOIS ESCREVA O NOME DO QUE VOCÊ DESENHOU.

DATA: _____ /_____ /_____

CONSOANTE L

LÍLIAN ADORA SUCO DE LARANJA.

Ilustrações: Ilustra Cartoon/Arquivo da editora

CANTE A CANTIGA COM OS COLEGAS E DESCUBRA OUTRA FRUTA QUE COMEÇA COM A LETRA **L**.

MEU LIMÃO, MEU LIMOEIRO
MEU PÉ DE JACARANDÁ
UMA VEZ ESQUINDÔ LÊ, LÊ
OUTRA VEZ ESQUINDÔ LÁ, LÁ.

CANTIGA POPULAR

DESENHE ESSA FRUTA NO QUADRO AO LADO.

DATA: _____ /_____ /_____

CUBRA OS PONTILHADOS PARA COMPLETAR AS PALAVRAS. DEPOIS LIGUE AS PALAVRAS IGUAIS.

Somchai Som/Shutterstock/Glow Images

leite

Ingvar Bjork/Shutterstock/Imageplus

lápis

effe45/Shutterstock/Glow Images

bolo

Donskaya Olga/Shutterstock/Imageplus

Lucas

LUCAS

BOLO

LEITE

LÁPIS

DATA: _____ /_____ /_____

CONSOANTE M

A FRUTA PREFERIDA DE MIGUEL É A MELANCIA.

Ilustra Cartoon/Arquivo da editora

QUAL É A SUA FRUTA PREFERIDA? CONTE AO PROFESSOR E AOS COLEGAS.
FAÇA UM DESENHO E DEPOIS ESCREVA O NOME DELA.

DATA: ____ /____ /____

O PROFESSOR VAI FAZER UMA SALADA DE FRUTAS COM OS ALUNOS. VEJA AS FRUTAS QUE A TURMA ESCOLHEU E COMPLETE-AS COM A LETRA **M**. DEPOIS LIGUE CADA FRUTA À SUA FOTO.

Viktar Malyshchyts/Shutterstock/Glow Images

maçã

Dionisvera/Shutterstock/Glow Images

mamão

Valentyn Volkov/Shutterstock/Glow Images

melão

morango

Yeko Photo Studio/Shutterstock/Glow Images

manga

Valentyn Volkov/Shutterstock/Glow Images

DATA: _____ /_____ /_____

HORA DE BRINCAR

VAMOS CANTAR E MOVIMENTAR O NOSSO CORPO?
CANTE A CANÇÃO E SIGA OS COMANDOS!

AERÓBICA TROPICAL

OLHO PRUM LADO, OLHO PRO OUTRO
GIRO A CABEÇA E NÃO TORÇO O PESCOÇO
BATE COM A MÃO, BATE COM O PÉ
LARANJA, BANANA, AIPIM E CAFÉ
BATE COM O PÉ, BATE COM A MÃO
MANGA, GOIABA, MAMÃO, FRUTA-PÃO
LEVANTO O BRAÇO, ACENO COM A MÃO
COM A OUTRA EU TOCO NO MEU CORAÇÃO
MÃO NA CINTURA PRA REBOLAR
O OUTRO CIRCULA NA FRENTE DO PAR
LEVANTO A PERNA IGUAL AO SACI
AGORA PULANDO EU VOU POR AÍ

DONA ÁRVORE (CD), DE BIA BEDRAN. COMPOSIÇÃO DE ROSÂNGELA DE CARVALHO. DISPONÍVEL EM: <HTTP://BIABEDRAN.COM.BR/MUSICAS/AEROBICA-TROPICAL>. ACESSO EM: 10 MAR. 2015.

Ilustra Cartoon/Arquivo da editora

DATA: _____ /_____ /_____

HORA DA HISTÓRIA

AS SEMENTES DO SORRISO

VAMOS OUVIR A HISTÓRIA OBSERVANDO AS ILUSTRAÇÕES?

NAQUELE PAÍS SEMPRE ERA INVERNO. MAS NÃO ERA INVERNO PELO FRIO QUE FAZIA, ERA INVERNO PORQUE AS PESSOAS NÃO SORRIAM. TODOS ERAM MUITO SÉRIOS! E COMO TODO MUNDO SABE, ONDE AS PESSOAS NÃO SORRIEM, O SOL NÃO BRILHA.

SEUS HABITANTES NEM SEQUER RIAM QUANDO ALGUÉM LHES FAZIA CÓCEGAS OU CONTAVA ALGUMA PIADA OU COISAS DIVERTIDAS.

MAS, UM DIA, UM MENINO QUE PASSEAVA PELO CAMPO CONTEMPLOU NUVENS COR-DE-ROSA DE UM LINDO PÔR DO SOL E SE ENCHEU DE ALEGRIA. COMO NÃO SABIA SORRIR, APENAS DERRAMOU LÁGRIMAS DE FELICIDADE QUE CAÍRAM E ENCHARCARAM O SOLO.

AQUELAS LÁGRIMAS SE CONVERTERAM EM SEMENTES E CRESCERAM LENTAMENTE NAQUELE TERRENO.

Ilustra Cartoon/Arquivo da editora

PASSOU O TEMPO E, EM UMA MANHÃ, BROTARAM FRUTOS DESCONHECIDOS ATÉ ENTÃO, GRANDES COMO BEXIGAS, QUE LOGO FICARAM CONHECIDOS COMO MELÕES.

TINHAM UM DELICIOSO AROMA E UM FAZENDEIRO QUE PASSAVA POR ALI RESOLVEU LEVAR UM PARA CASA. ENTÃO, ELE CORTOU O MELÃO EM FATIAS E DEU PARA SUA FAMÍLIA COMO SOBREMESA.

ACOSTUMADOS AOS FRUTOS SECOS, ÀS CASTANHAS E ÀS BATATAS-DOCES, PRÓPRIOS DO INVERNO, O DOCE FRESCOR DO MELÃO FEZ COM QUE TODOS SE SENTISSEM COMO SE ALGO SE DESFIZESSE EM SEU INTERIOR.

E, DE REPENTE, TODOS FICARAM DE BOCA ABERTA OBSERVANDO AS FATIAS DE MELÃO SOBRE A MESA. PARECIAM GRANDES SORRISOS NOS PRATOS.

TODOS SE OLHARAM E COMEÇARAM, TIMIDAMENTE, A ESTICAR OS LÁBIOS. SEUS ROSTOS PARECIAM SE DIVERTIR E, ASSIM, APRENDERAM A SORRIR. DEPOIS, VIERAM AS RISADAS E AS GARGALHADAS.

FOI ENTÃO QUE O SOL APARECEU POR TRÁS DAS NUVENS E NASCEU, PELA PRIMEIRA VEZ NAQUELE PAÍS, O RADIANTE E MARAVILHOSO VERÃO.

CONTOS SABOROSOS: 10 CONTOS PARA ABRIR O APETITE, DE JOAN DE DÉU PRATS E ESTER LLOORENS. SÃO PAULO: CIRANDA CULTURAL, 2010.

Ilustra Cartoon/ Arquivo da editora

DATA: _____ /_____ /_____

UNIDADE 4
APRENDENDO MAIS LETRAS

Juan Carlos Federico/Arquivo da editora

RODA DE CONVERSA

AS CRIANÇAS ESTÃO CONTANDO QUAL ANIMAL GOSTARIAM DE SER.
CONTE VOCÊ TAMBÉM PARA OS COLEGAS.

Ilustra Cartoon/Arquivo da editora

DATA: _____ /_____ /_____

HORA DE BRINCAR

DESTAQUE AS CARTAS DA PÁGINA 7 DO **MATERIAL DE APOIO**. COLOQUE AS CARTAS NO TABULEIRO ABAIXO, COMO VOCÊ PREFERIR, MEMORIZANDO OS LUGARES QUE VOCÊ ESCOLHER. DEPOIS VIRE AS CARTAS E AGUARDE O COMANDO DO PROFESSOR.

Banco de imagens/Arquivo da editora

DATA: _____ /_____ /_____

OBSERVE AS FIGURAS E COMPLETE A CRUZADINHA COM AS LETRAS QUE FALTAM. SE PRECISAR, CONSULTE AS PALAVRAS DO QUADRO.

DADO   BONECA   GATO   OVO   MORANGO   CADERNO   UVA

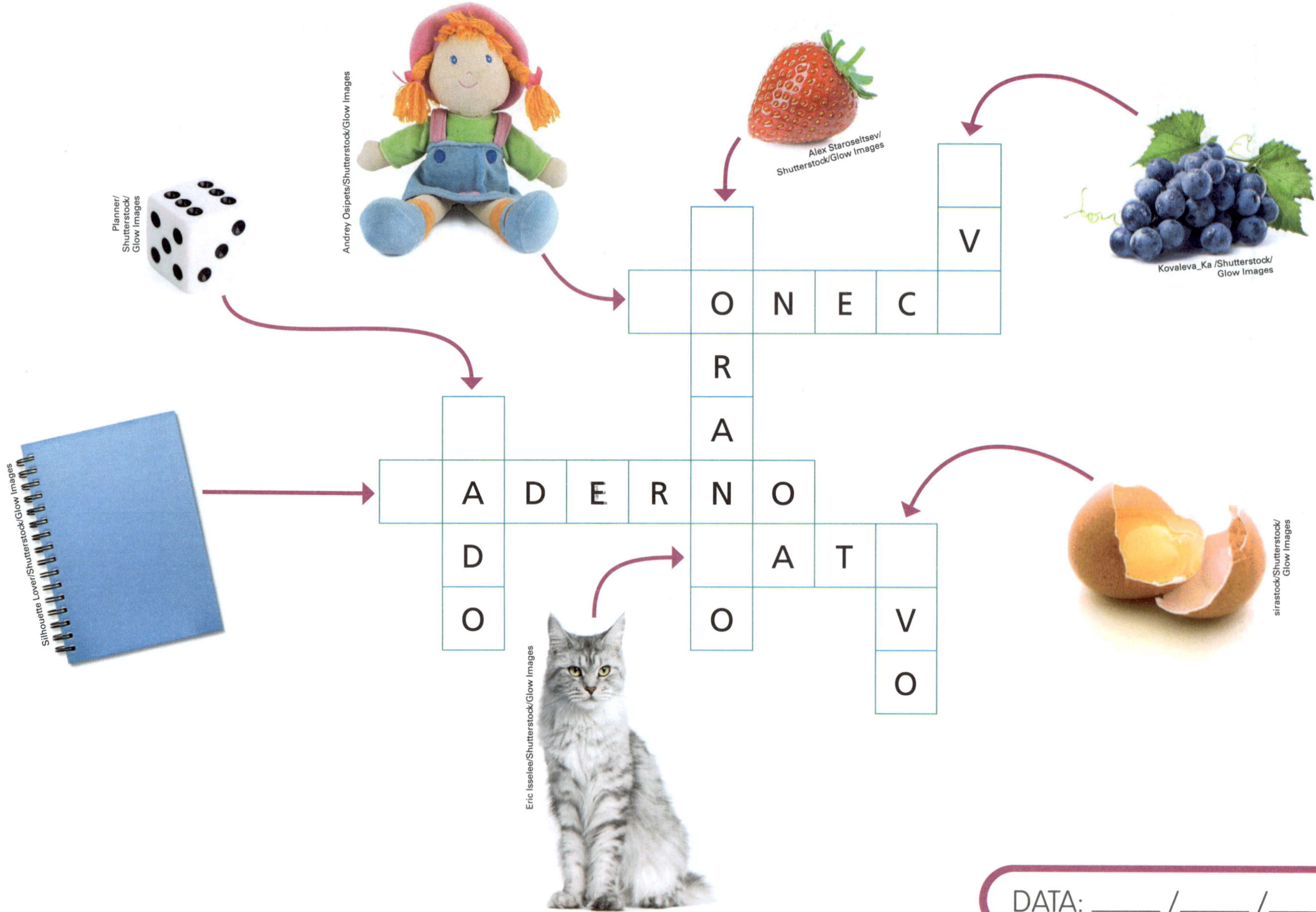

BRINCANDO COM MAIS E MAIS LETRAS

PARA DESCOBRIR O NOME DO ANIMAL QUE COMPLETA O POEMA, LIGUE OS PONTOS SEGUINDO A ORDEM DAS LETRAS DO ALFABETO. VOCÊ ADIVINHA QUAL É?

O ________________________ TEVE SORTE.
NÃO GASTOU TEMPO NEM DINHEIRO
NASCEU COM A CASA NAS COSTAS
E MORA NO MUNDO INTEIRO.

CASINHAS DE BICHOS, DE HARDY GUEDES ALCOFORADO FILHO.
SÃO PAULO: SCIPIONE, 2012.

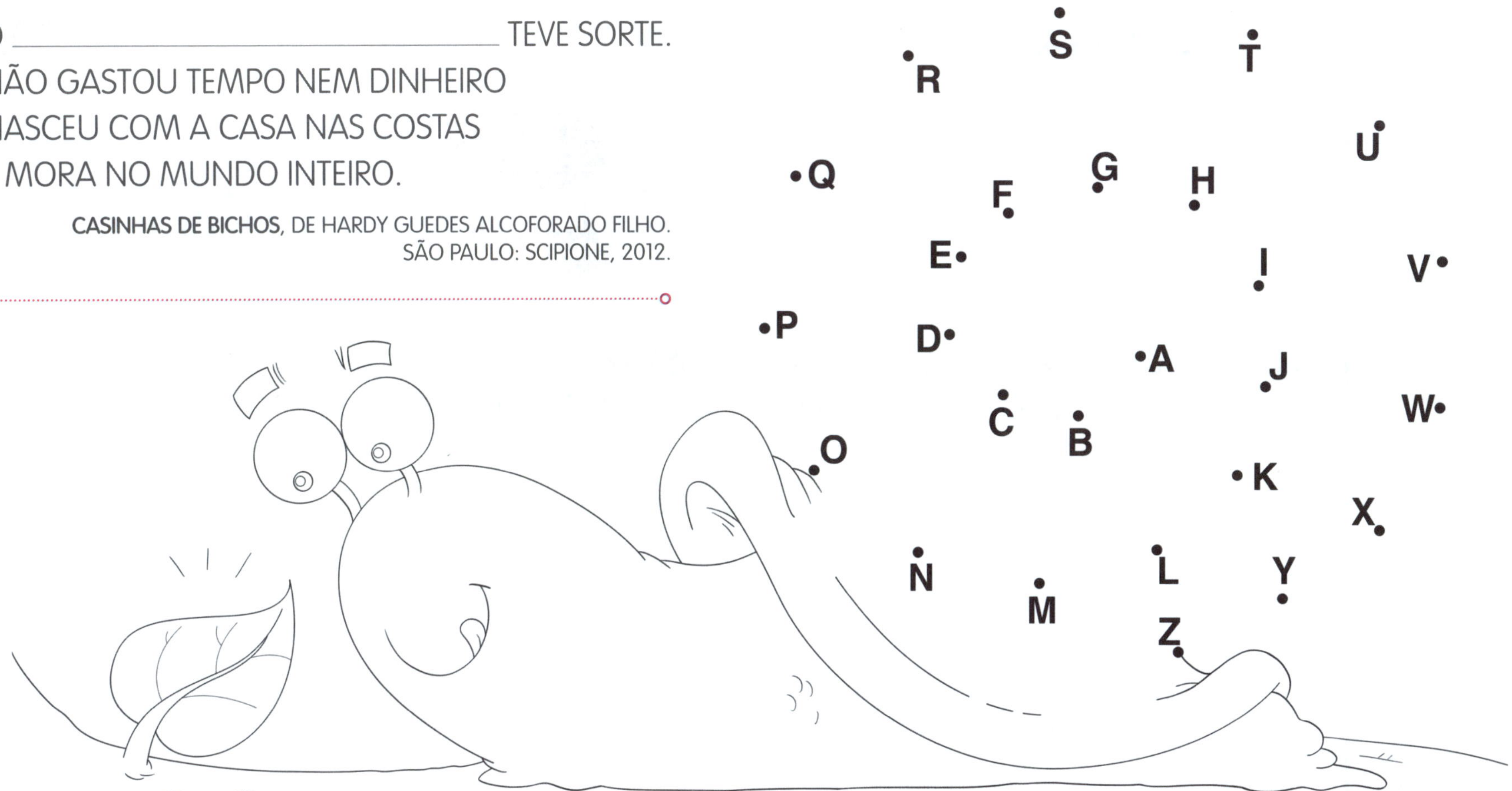

Ilustra Cartoon/Arquivo da editora

AGORA ESCREVA, COMO VOCÊ SOUBER, O NOME DO ANIMAL E COMPLETE O POEMA.

DATA: _____ /_____ /_____

CONSOANTE N

NÉLSON GOSTA DE OBSERVAR AS FIGURAS QUE AS NUVENS FORMAM.

NÉLSON
Nélson

NUVEM
nuvem

Ilustra Cartoon/Arquivo da editora

LEIA A ADIVINHA. VOCÊ SABE A RESPOSTA?
CUBRA OS PONTILHADOS DA LETRA **N** PARA COMPLETAR A RESPOSTA. DEPOIS FAÇA UM DESENHO PARA ILUSTRÁ-LA.

O QUE É, O QUE É?
PARECE ALGODÃO
MAS NUNCA ESTÁ À MÃO.

NUVEM

DATA: ____ /____ /____

ESCREVA A LETRA **N** PARA COMPLETAR O NOME DAS FIGURAS.

Aleksi Markku/Shutterstock/Imageplus

sergign/Shutterstock/Glow Images

clearimages/Shutterstock/Glow Images

____ avio   ca ____ eta   ____ ovelo

OBSERVE A FIGURA ABAIXO. O NOME DESTE PEIXE TEM A LETRA **N** E TAMBÉM A LETRA **M**. VAMOS ESCREVER ESSAS LETRAS E DESCOBRIR QUAL É ESSE PEIXE?

Divulgação/Disney-Pixar

____ e ____ o

CONSOANTE P

PAULA GOSTA MUITO DO CONTO DO PATINHO FEIO.
VOCÊ CONHECE ESSE CONTO?

PAULA
Paula

PATO
pato

Ilustra Cartoon/Arquivo da editora

VOCÊ SABE O NOME DESTA AVE? ASSINALE.
DEPOIS DESENHE OUTRO ANIMAL QUE TENHA O NOME INICIADO PELA LETRA **P** E ESCREVA O NOME DELE.

Sarah Jessup/Shutterstock/Glow Images

☐ PAPAGAIO ☐ PEIXE ☐ PICA-PAU

COMPLETE O NOME DESSES ANIMAIS COM A LETRA **P**. DEPOIS PROCURE OS NOMES NO DIAGRAMA.

Mircea Bezergheanu/Shutterstock/Glow Images

___ato

Richard Whitcombe/Shutterstock/Glow Images

___eixe

Shawn Hempel/Shutterstock/Glow Images

___avão

falk/Shutterstock/Glow Images

___orco

Q	F	H	J	A	C	E	R	I	B	O	P	D	F	G	J	H	M	O	B
F	I	P	P	C	S	D	T	H	V	X	U	A	L	N	Y	G	V	X	E
W	E	A	M	I	P	O	R	C	O	N	U	P	U	E	A	V	S	Z	U
A	W	T	F	B	E	G	S	I	T	O	D	E	R	O	V	Y	T	S	E
B	M	O	Q	C	P	G	X	E	H	Z	D	I	A	V	Q	R	I	F	V
R	E	L	Z	U	F	N	A	C	P	I	T	X	Y	Q	V	Z	A	T	S
X	U	G	L	I	K	P	A	V	Ã	O	H	E	J	U	P	J	B	C	I
C	N	A	W	S	M	E	V	J	Y	S	O	T	R	E	Z	R	W	Q	K
Y	F	L	T	E	V	B	S	K	L	U	T	C	A	I	D	R	O	E	M

DATA: ____ /____ /____

HORA DE BRINCAR

MARQUE COM UM **X** OUTRAS HISTÓRIAS EM QUE O NOME DO PERSONAGEM COMEÇA COM A LETRA **P**.

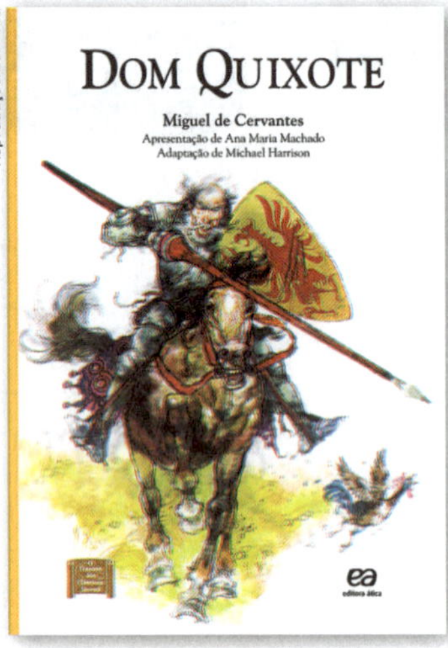

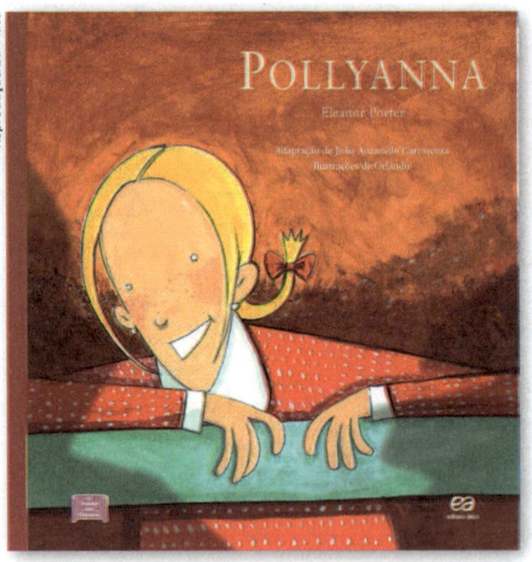

DATA: _____ /_____ /_____

PENSE EM UM PERSONAGEM DE QUE VOCÊ GOSTE E FAÇA O DESENHO DELE.

AGORA ESCREVA, COMO SOUBER, O NOME DO PERSONAGEM QUE VOCÊ DESENHOU.

DATA: _____ /_____ /_____

CONSOANTE Q

QUICO LEVOU PARA A ESCOLA A FIGURA DE UM QUATI.
VOCÊ JÁ CONHECIA ESSE ANIMAL?

QUICO
Quico

QUATI
quati

Ilustra Cartoon/Arquivo da editora

O PÁSSARO DA FOTO ABAIXO TAMBÉM TEM O NOME INICIADO PELA LETRA **Q**. CUBRA OS PONTILHADOS PARA DESCOBRIR O NOME DELE.

Ilustra Cartoon/Arquivo da editora

QUERO-QUERO

COMPLETE AS PALAVRAS COM A LETRA **Q**. DEPOIS LIGUE-AS ÀS FIGURAS CORRESPONDENTES.

_____uibe

_____ueijo

_____uindim

diogoppr/Shutterstock/Glow Images

Alexander Bark/Shutterstock/Glow Images

Galayko Sergey/Shutterstock/Glow Images

DATA: _____ /_____ /_____

CONSOANTE R

RENATA AJUDA SUA MÃE A CUIDAR DAS ROSAS DO JARDIM.

Ilustrações: Ilustra Cartoon/Arquivo da editora

CANTE A CANTIGA COM OS COLEGAS. DEPOIS PINTE A FLOR E COMPLETE O NOME DELA COM A LETRA **R**.

O CRAVO BRIGOU COM A ROSA
DEBAIXO DE UMA SACADA.
O CRAVO SAIU FERIDO
E A ROSA DESPEDAÇADA.

CANTIGA POPULAR

ROSA

DATA: ____ /____ /____

COMPLETE O NOME DAS FIGURAS COM A LETRA **R**.

nexus 7/Shutterstock/Glow Images

Lasse Kristensen/Shutterstock/Glow Images

Steve Cukrov/Shutterstock/Glow Images

____ádio

____elógio

____ogério

DESENHE UM OBJETO OU UM ANIMAL QUE TENHA O NOME INICIADO PELA LETRA **R**.
DEPOIS ESCREVA COMO SOUBER O NOME DO QUE DESENHOU.

DATA: ____ /____ /____

O TEMA É...

OS 3 Rs!

LEIA O TEXTO ABAIXO COM O PROFESSOR.

Tish1/Shutterstock/Glow Images

VOCÊ JÁ OUVIU FALAR DOS 3 Rs? SÃO ELES: **REDUZIR**, **REUTILIZAR** E **RECICLAR**.

REDUZIR – DIMINUIR O CONSUMO PARA EVITAR O DESPERDÍCIO E A QUANTIDADE DE LIXO PRODUZIDO.

REUTILIZAR – REAPROVEITAR OBJETOS, COMO POTES DE SORVETE, DE IOGURTE, ETC.

RECICLAR – SEPARAR O LIXO RECICLÁVEL E ENVIÁ-LO PARA CENTROS DE RECICLAGEM PARA QUE ELES POSSAM SER USADOS NOVAMENTE NA FABRICAÇÃO DE NOVOS PRODUTOS.

Mrs_ya/Shutterstock/Glow Images

Alexander Gospodinov/Shutterstock/Glow Images

PARA QUE O LIXO SEJA RECICLADO, PRECISAMOS SEPARÁ-LO E DESCARTÁ-LO NOS LUGARES CORRETOS. DESTAQUE OS ADESIVOS NO FINAL DO LIVRO E COLE-OS NOS ESPAÇOS ADEQUADOS.

Zsolt Biczo/Shutterstock/Glow Images

Zsolt Biczo/Shutterstock/Glow Images

Zsolt Biczo/Shutterstock/Glow Images

Zsolt Biczo/Shutterstock/Glow Images

CONSOANTE S

SÉRGIO APRENDEU A CANTIGA DO SAPO. VOCÊ A CONHECE?

Ilustra Cartoon/Arquivo da editora

CANTE A CANTIGA COM OS COLEGAS.

SAPO-CURURU
NA BEIRA DO RIO
QUANDO O SAPO CANTA, Ó MANINHA,
É PORQUE TEM FRIO.

A MULHER DO SAPO
DEVE ESTAR LÁ DENTRO
FAZENDO RENDINHA, Ó MANINHA,
PARA O CASAMENTO.

CANTIGA POPULAR

DATA: _____ /_____ /_____

PINTE DE VERDE OS ESPAÇOS COM PONTINHOS E DESCUBRA UM ANIMAL. DEPOIS COMPLETE O NOME DELE.

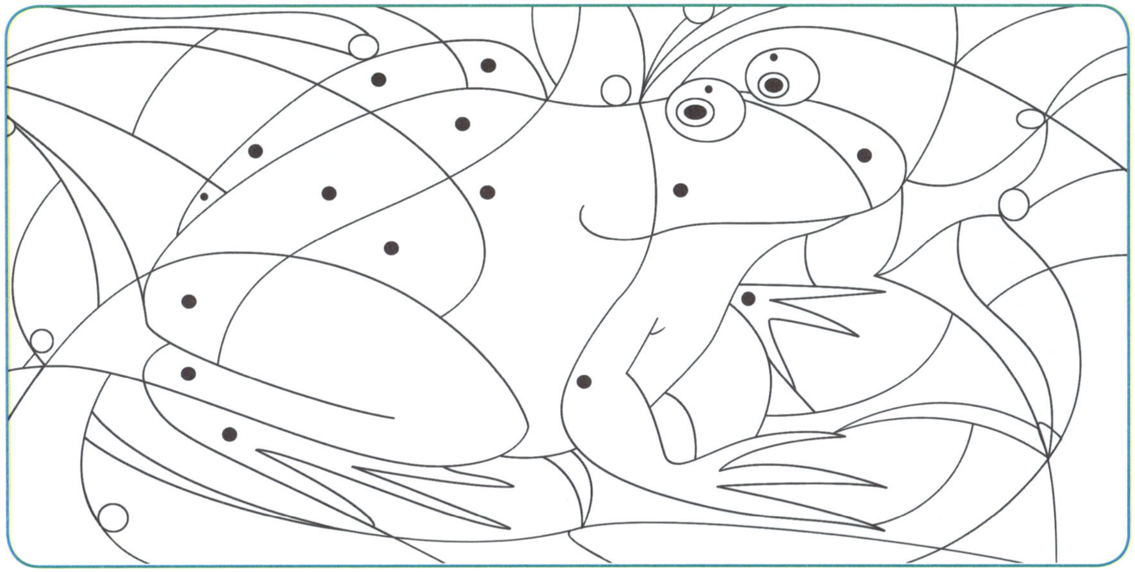

Ilustrações: Ilustra Cartoon/Arquivo da editora

sapo

COMPLETE O NOME DAS FIGURAS COM A LETRA **S**.

andersphoto/Shutterstock/Glow Images

____acola

bluehand/Shutterstock/Glow Images

____ofá

K. Miri Photography/Shutterstock/Glow Images

____uco

Nejron Photo/Shutterstock/Glow Images

____imone

DATA: ____ /____ /____

CONSOANTE T

TALITA VIU UMA TARTARUGA.

TALITA
Talita

TARTARUGA
tartaruga

Ilustra Cartoon/Arquivo da editora

VOCÊ CONHECE OUTRO ANIMAL QUE TEM O NOME INICIADO PELA LETRA **T**? DESENHE-O ABAIXO E ESCREVA O NOME DELE.

DATA: _____ /_____ /_____

COMPLETE O NOME DAS FIGURAS COM A LETRA **T**.

Pablo H. Caridad/Shutterstock/Imageplus

____ucano

ene/Shutterstock/Imageplus

____elevisão

Andresr/Shutterstock/Glow Images

____eresa

Dave Clark Digital Photo/Shutterstock/Glow Images

____elefone

LEIA O TRAVA-LÍNGUA. DEPOIS DESENHE O TATU.

O TATU TÁ AÍ?
O TATU NÃO TÁ.
MAS A MULHER DO TATU TANDO
É O MESMO QUE O TATU TÁ.

TRAVA-LÍNGUA POPULAR

CONSOANTE V

VÍTOR VIU UMA VACA NO SÍTIO DO VOVÔ.

VÍTOR
Vítor

VACA
vaca

Ilustra Cartoon/Arquivo da editora

CANTE A CANTIGA COM OS COLEGAS. DEPOIS ESCREVA A LETRA **V** NO QUADRO.

EU VI UMA BARATA
NA CARECA DO VOVÔ
ASSIM QUE ELA ME VIU
BATEU ASAS E VOOU.

CANTIGA POPULAR

DATA: _____ /_____ /_____

CUBRA OS PONTILHADOS DA LETRA **V** PARA COMPLETAR O NOME DAS FIGURAS.

Perfect Gui/Shutterstock/Glow Imagesz

avião

Mamahoohooba/Shutterstock/Imageplus

Viviane

Adrian Abacioaei/Shutterstock/Glow Images

avestruz

OBSERVE AS FIGURAS E ASSINALE O NOME DELAS.

Christian Draghici/Shutterstock/Glow Images

- [ ] MALA
- [ ] UVA
- [ ] VIOLÃO

NYS /Shutterstock/Glow ImagesImages

- [ ] BOLA
- [ ] VESTIDO
- [ ] GALINHA

CONSOANTE X

XAVIER VIU UM XEXÉU PERTO DE SUA CASA.

Ilustrações: Ilustra Cartoon/Arquivo da editora

LIGUE OS PONTOS PARA DESCOBRIR OUTRO ANIMAL QUE TEM A LETRA **X** NO NOME. DEPOIS COMPLETE O NOME DELE.

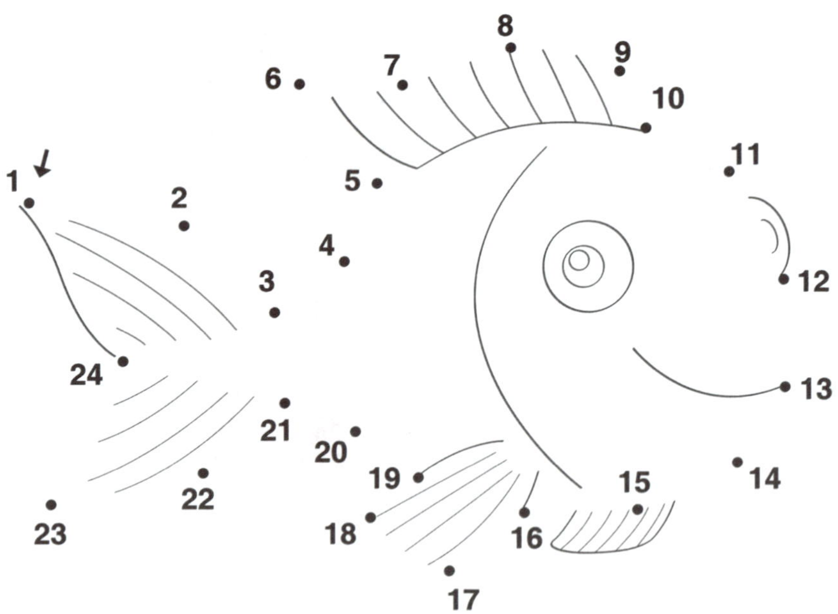

PEI____E

COMPLETE O NOME DAS FIGURAS COM A LETRA **X**.

strelov/Shutterstock/Glow Images

Maks Narodenko/Shutterstock/Glow Images

restyler/Shutterstock/Glow Images

photka/Shutterstock/Glow Images

____ícara   abaca____i   cai____a   li____o

OBSERVE A CAPA DESTE LIVRO E COMPLETE O TÍTULO DELE COM AS LETRAS QUE FALTAM.

Divulgação/Editora Brinque Book

Bru____a, bru____a ____enha
à minha fe____ta

CONSOANTE Z

ZAIRA ADORA VER PROGRAMAS SOBRE ANIMAIS. O ANIMAL PREFERIDO DELA É A ZEBRA.

Ilustrações: Ilustra Cartoon/Arquivo da editora

OUÇA O POEMA QUE O PROFESSOR VAI LER. DEPOIS TERMINE DE DESENHAR AS LISTRAS DA ZEBRA E PINTE-A.

ZEBRA

A ZEBRA ESTÁ DE PIJAMA
MAS ELA NÃO DORME NÃO,
POIS NA HORA DO PERIGO
DÁ COICE ATÉ NO LEÃO.

DE AVESTRUZ A ZEBRA, DE MAITI FRANK CARRIL. SÃO PAULO: ÁTICA, 2011.

DATA: _____ /_____ /_____

COMPLETE AS PALAVRAS COM A LETRA **Z**. DEPOIS LIGUE-AS ÀS IMAGENS CORRESPONDENTES.

a____eitona

____oológico

co____inha

MAFord/Shutterstock/Glow Images

Marko Poplasen/Shutterstock/Glow Images

kerstiny/Shutterstock/Glow Images

FAZENDO ARTE

HENRY MATISSE FOI UM FAMOSO PINTOR FRANCÊS.
OBSERVE ESTA OBRA DO ARTISTA. ELA SE CHAMA **O CARACOL**.
PARA FAZÊ-LA, ELE RECORTOU PAPÉIS DE VÁRIOS TAMANHOS, CORES E FORMAS USANDO UMA TESOURA.

Tate Gallery/UK

O CARACOL, DE HENRY MATISSE, 1953.

DATA: ____ /____ /____

INSPIRE-SE NA OBRA DE HENRY MATISSE E RECORTE PAPÉIS DE VÁRIOS TAMANHOS, FORMAS E CORES. FAÇA UMA COMPOSIÇÃO E COLE-A NO QUADRO ABAIXO. AO TERMINAR, APRESENTE SEU TRABALHO PARA A TURMA DIZENDO O NOME QUE VOCÊ DEU PARA ELE.

DATA: ____ /____ /____

AS LETRAS K W Y

KÁTIA, WALTER E YARA VÃO JUNTOS À ESCOLA.

Ilustra Cartoon/Arquivo da editora

VOCÊ CONHECE OUTROS NOMES DE PESSOAS QUE COMEÇAM COM AS LETRAS **K**, **W** E **Y**? ESCREVA-OS NO ESPAÇO ABAIXO.

____

____

VOCÊ CONHECE ESTES PERSONAGENS? CUBRA OS PONTILHADOS DAS LETRAS **K** E **Y** PARA COMPLETAR O NOME DOS FILMES EM QUE ELES APARECEM.

Featureflash/Shutterstock/Glow Images

O galinho
Chicken Little

Jaguar PS/Shutterstock/Glow Images

Toy Story

HORA DA HISTÓRIA

BRUXINHA ZUZU E GATO MIÚ

OBSERVE AS ILUSTRAÇÕES E CONTE A HISTÓRIA COM OS COLEGAS.

DATA: _____ /_____ /_____

BRUXINHA ZUZU E GATO MIÚ, DE EVA FURNARI.
SÃO PAULO: MODERNA, 2013.

SUGESTÕES PARA O ALUNO

LIVROS

Reprodução/Editora Scipione

BIBI COMPARTILHA SUAS COISAS, DE ALEJANDRO ROSAS, SCIPIONE.

BIBI GANHA UM ESTOJO SUPERBACANA DE PRESENTE, COM 12 LÁPIS DE COR, BORRACHA CHEIROSA E DUAS RÉGUAS. TODO SEU, PARA USAR COMO E QUANDO QUISER. NA ESCOLA, DURANTE A AULA, UM DOS AMIGOS PRECISA DE UM LÁPIS AZUL PARA COLORIR SEU DESENHO. SERÁ QUE BIBI EMPRESTARÁ O SEU?

Reprodução/Editora Moderna

BRUXINHA ZUZU, DE EVA FURNARI, MODERNA.

A BRUXINHA ZUZU É UMA BRUXA, CLARO, MAS QUEM REPARAR DIREITO VAI VER QUE ELA TEM UMAS COISINHAS DIFERENTES. A HISTÓRIA DESTE LIVRO É CONTADA COM DESENHOS, E NÃO COM PALAVRAS; E O ASSUNTO DO LIVRO É UM POUCO ATRAPALHADO, MAS A CULPA NÃO É DA AUTORA, É DA PRÓPRIA PERSONAGEM. A PERSONAGEM, POR SUA VEZ, DIZ QUE A CONFUSÃO NÃO É DELA, E SIM DA BENDITA VARINHA MÁGICA.

Editora Scipione

CASINHAS DE BICHOS, DE HARDY GUEDES ALCOFORADO FILHO, SCIPIONE.

O TEXTO DESCREVE, EM VERSOS RIMADOS, COMO SÃO AS MORADAS DE VÁRIOS TIPOS DE BICHOS, COMO O NINHO DO PASSARINHO, A CASA DO JOÃO-DE-BARRO, A TEIA DA ARANHA, O FORMIGUEIRO E A TOCA DO TATU.

Reprodução/Editora Melhoramentos

FLICTS, DE ZIRALDO, MELHORAMENTOS.

ESTA É A HISTÓRIA DE UMA COR DIFERENTE, QUE NÃO CONSEGUE SE ENCAIXAR NO ARCO-ÍRIS, NAS BANDEIRAS E EM LUGAR NENHUM, E QUE NINGUÉM, A PRINCÍPIO, RECONHECE SEU MERECIDO VALOR. CONTUDO, ZIRALDO PRESENTEIA O LEITOR COM UMA FANTÁSTICA MENSAGEM DE CARÁTER E RESPEITO.

Reprodução/Editora Brinque Book

O RATINHO, O MORANGO VERMELHO MADURO E O GRANDE URSO ESFOMEADO, DE DON E AUDREY WOOD, BRINQUE-BOOK.

ESTA É UMA DIVERTIDA FÁBULA SOBRE A ESPERTEZA DOS PEQUENOS CONTRA A FORÇA DOS GIGANTES. O RATINHO TENTA ESCONDER UM MORANGO MADURO DE UM GRANDE URSO E, PARA ISSO, BOLA DIFERENTES PLANOS QUE VÃO ENVOLVER AS CRIANÇAS DO COMEÇO AO FIM.

Reprodução/Editora Salamandra

O RATO ROEU A ROUPA, DE ANA MARIA MACHADO, SALAMANDRA.

O QUE SERÁ QUE ACONTECE QUANDO UM RATO COMEÇA A ROER TUDO... ATÉ A ROUPA DO REI DE ROMA?

Reprodução/Editora Salamandra

QUEM DEVOROU A TIA ÍRIS?, DE SEAN TAYLOR, SALAMANDRA.

NO PRÉDIO EM QUE A TIA ÍRIS MORA, HÁ UMA FAMÍLIA DE URSOS NO PRIMEIRO ANDAR, UM CROCODILO NO SEGUNDO E UMA MATILHA DE LOBOS NO TERCEIRO. UM DIA, ELA FOI COLOCAR O LIXO PARA FORA E NÃO VOLTOU MAIS! UMA VALENTE E PEQUENINA CHINCHILA ESTÁ DETERMINADA A DESCOBRIR O QUE ACONTECEU COM A TIA ÍRIS – E QUEM SÃO OS MISTERIOSOS NOVOS MORADORES DO QUARTO ANDAR...

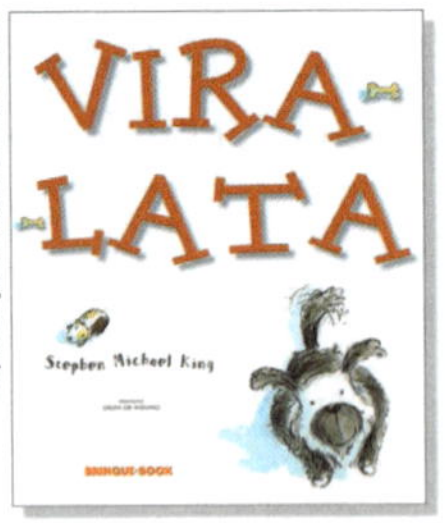

Reprodução/Editora Brinque Book

VIRA-LATA, DE STEPHEN MICHAEL KING, BRINQUE BOOK.

A PARTIR DA HISTÓRIA DE UM CACHORRO ABANDONADO, O LIVRO DESPERTA NO PÚBLICO INFANTIL O AMOR AO PRÓXIMO. QUESTÕES COMO VALORES, SENSIBILIDADE E AMIZADE SÃO COLOCADAS FAZENDO UM PARALELO ENTRE A RELAÇÃO DAS PESSOAS COM OS ANIMAIS E ENTRE ELAS MESMAS.

Juan Carlos Federico/
Arquivo da editora

CDs

Divulgação/Arquivo da editora

ADRIANA PARTIMPIM DOIS, DE ADRIANA CALCANHOTTO, SONY MUSIC.

NESTE CD, ADRIANA CALCANHOTTO REALIZA MAIS UM TRABALHO VOLTADO AO PÚBLICO INFANTIL. SÃO 11 FAIXAS QUE VÃO ENCANTAR A GAROTADA.

Divulgação/Arquivo da editora

CANTIGAS DE RODA, DE PALAVRA CANTADA, MCD.

UMA SELEÇÃO DE CANÇÕES PARA PAIS E FILHOS OUVIREM JUNTOS. OS PAIS, PORQUE LEMBRAM DE SUA PRÓPRIA INFÂNCIA; E OS FILHOS, PARA CONHECEREM AS CANTIGAS TRADICIONAIS OU FOLCLÓRICAS QUE REPRESENTAM A ESSÊNCIA DE NOSSA CULTURA MUSICAL. CONTÉM, AO TODO, 20 FAIXAS, ENTRE ELAS "SAPO JURURU", "A CANOA VIROU", "POMBINHA BRANCA", "OSQUINDÔ-LÊLÊ" E "O CRAVO E A ROSA".

DVDs

Reprodução/Universal

CHICO E VINICIUS PARA CRIANÇAS, DE VÁRIOS ARTISTAS, UNIVERSAL.

NESTE DVD, DIVERSOS ARTISTAS INTERPRETAM FAMOSAS COMPOSIÇÕES PARA CRIANÇAS, FEITAS POR VINICIUS DE MORAES E CHICO BUARQUE.

Reprodução/TV Paiol/Paramount Filmes

COCORICÓ: TV PAIOL, DE FERNANDO GOMES, PARAMOUNT.

A TV PAIOL ESTÁ NO AR! QUER DIZER, QUASE... POIS PATA VINA, PARA SE TORNAR A ÚNICA ESTRELA DA TELINHA, CONVENCE DITO E FEITO A DAREM UM FIM NO PROGRAMA QUE A TURMA DO PAIOL PREPAROU. PARA SORTE DE JÚLIO E SEUS AMIGOS – E AZAR DA PATA VINA – O PROGRAMA DELES VAI PARAR NOS ESTÚDIOS DA GRANDE EMISSORA. QUATRO DIVERTIDOS EPISÓDIOS PARA A CRIANÇADA SE DIVERTIR!

Ilustrações: Juan Carlos Federico/Arquivo da editora

BIBLIOGRAFIA

ADAMS, M. J. et al. *Consciência fonológica em crianças pequenas.* Porto Alegre: Artmed, 2006.

ALMEIDA, Rosangela Doin de. *Espaço e tempo na Educação Infantil.* São Paulo: Contexto, 2014.

AYRES, Sonia Nunes. *Educação Infantil*: teorias e práticas para uma proposta pedagógica. Petrópolis: Vozes, 2012.

BRASIL. Ministério da Educação. Secretaria de Educação Fundamental. *Referencial Curricular Nacional para a Educação Infantil.* Brasília, 1998. 3 v.

BRITO, T. A. *Música na Educação Infantil.* São Paulo: Peirópolis, 2003.

CARVALHO, Mercedes; BAIRRAL, Marcelo Almeida (Org.). *Matemática e Educação Infantil*: investigação e possibilidades de práticas pedagógicas. Petrópolis: Vozes, 2012.

CHATEAU, J. *O jogo e a criança.* São Paulo: Summus, 1987.

COLL, C.; MARTIN, E. et al. *Aprender conteúdos e desenvolver capacidades.* Tradução de Cláudia Schilling. Porto Alegre: Artmed, 2004.

CÓRIA-SABINI, Maria Aparecida. *Jogos e brincadeiras na Educação Infantil.* Campinas: Papirus, 2012.

DANTE, L. *Didática da Matemática na pré-escola.* São Paulo: Ática, 1996.

DEVRIES, R. *O currículo construtivista na Educação Infantil*: práticas e atividades. Porto Alegre: Artmed, 2003.

FABER, A.; MAZLISH, E. *Como falar para o aluno aprender.* São Paulo: Summus, 2005.

FERREIRA, S. *Imaginação e linguagem no desenho da criança.* Campinas: Papirus, 1998.

FERREIRO, E. *Reflexões sobre alfabetização.* São Paulo: Cortez, 2001.

FRIEDMANN, A. *A arte de brincar*: brincadeiras e jogos tradicionais. Petrópolis: Vozes, 2004.

________. *Brincar*: crescer e aprender; o resgate do jogo infantil. São Paulo: Moderna, 1998.

GARDNER, H. *A criança pré-escolar*: como pensa e como a escola pode ensiná-la. Tradução de C. A. N. Soares. Porto Alegre: Artmed, 1994.

GOBBI, Maria Aparecida; PINAZZA, Mônica Appezzato (Org.). *Infância e suas linguagens.* São Paulo: Cortez, 2014.

HOFFMAN, J. *Avaliação na pré-escola*: um olhar sensível e reflexivo sobre a criança. Porto Alegre: Mediação, 1999.

JEANDOT, N. *Explorando o universo da música.* São Paulo: Scipione, 1990.

JESUS, A. C. A. de. *Como aplicar jogos e brincadeiras na Educação Infantil.* Rio de Janeiro: Brasport, 2010.

JUNQUEIRA FILHO, G. *Linguagens geradoras*: seleção e articulação de conteúdos em Educação Infantil. Porto Alegre: Mediação, 2005.

KAMII, C.; JOSEPH, L. L. *Crianças pequenas continuam reinventando a Aritmética*: implicações da teoria de Piaget. Porto Alegre: Artmed, 2005.

KANAN, Fabiana. *Brincar*: aprendizagem para a vida. Tradução de Avril Brock. Porto Alegre: Penso, 2011.

KRAEMER, M. L. *Quando brincar é aprender.* São Paulo: Loyola, 2007.

LE BOULCH, J. *Educação psicomotora*: a psicocinética na idade escolar. Tradução de Jeni Wolff. Porto Alegre: Artmed, 1987.

LUCKESI, C. C. *Avaliação da aprendizagem escolar.* São Paulo: Cortez, 2003.

MACEDO, L.; PETTY, A. L. S.; PASSOS, N. C. *Aprender com jogos e situações-problema.* Porto Alegre: Artmed, 2000.

MACHADO, M. *O brinquedo-sucata e a criança*: a importância do brincar: atividade e materiais. São Paulo: Loyola, 1995.

MAIA, J. *Literatura na formação de leitores e professores.* São Paulo: Paulinas, 2007. (Literatura & Ensino).

MELLO, Ana Maria (Org.). *O dia a dia das creches e pré-escolas*: crônicas brasileiras. Porto Alegre: Artmed, 2010.

MIRANDA, N. *200 jogos infantis.* Belo Horizonte: Itatiaia, 2002.

MORAS, I. *Fantoches, bonecos articulados e cia. de papel e cartolina.* São Paulo: Paulinas, 1998.

MOYLES, J. R. et al. *A excelência do brincar.* Tradução de Maria Adriana Veronese. Porto Alegre: Artmed, 2006.

NISTA-PICCOLO, Vilma Leni. *Corpo em movimento na Educação Infantil.* São Paulo: Cortez, 2012.

NUNES, T.; BRYANT, P. *Crianças fazendo Matemática.* Porto Alegre: Artes Médicas, 1997.

OSTETTO, Luciana Esmeralda (Org.). *Encontros e encantamentos na Educação Infantil.* Campinas: Papirus, 2012.

PANIAGUA, G.; PALACIOS, J. *Educação Infantil*: resposta educativa à diversidade. Tradução de Fátima Murad. Porto Alegre: Artmed, 2007.

REAME, Eliane et al. *Matemática no dia a dia da Educação Infantil*: rodas, cantos, brincadeiras e histórias. São Paulo: Saraiva, 2013.

SANTOS, J. G. W.; ALVES, J. M. *O jogo de dominó com contexto interativo para construção de conhecimentos pré-escolares.* Porto Alegre: Scielo, 2000.

SANTOS, S. M. P. dos (Org.). *Brinquedoteca*: o lúdico em diferentes contextos. São Paulo: Vozes, 1997.

SCHILLER, P.; ROSSANO, J. *Ensinar e aprender brincando.* Porto Alegre: Artmed, 2007.

SMOLE, K. S. *A Matemática na Educação Infantil*: a teoria das inteligências múltiplas na prática escolar. Porto Alegre: Artmed, 2000.

SMOLE, K. S.; DINIZ, M. L.; CÂNDIDO, P. *Figuras e formas.* Porto Alegre: Artmed, 2003. v. 3. (Matemática de 0 a 6).

________. *Brincadeiras infantis nas aulas de Matemática.* Porto Alegre: Artmed, 2000. (Matemática de 0 a 6).

________. *Construção da inteligência pela criança.* São Paulo: Scipione, 2002.

WARNER, P. *Aprender brincando.* Tradução de Dinah Abres Azevedo. São Paulo: Ground, 2005.

ZORZI, J. L. *Aprender a escrever*: a apropriação do sistema ortográfico. Porto Alegre: Artmed, 1998.

MATERIAL DE APOIO

PEÇAS PARA A ATIVIDADE DA **PÁGINA 23**.

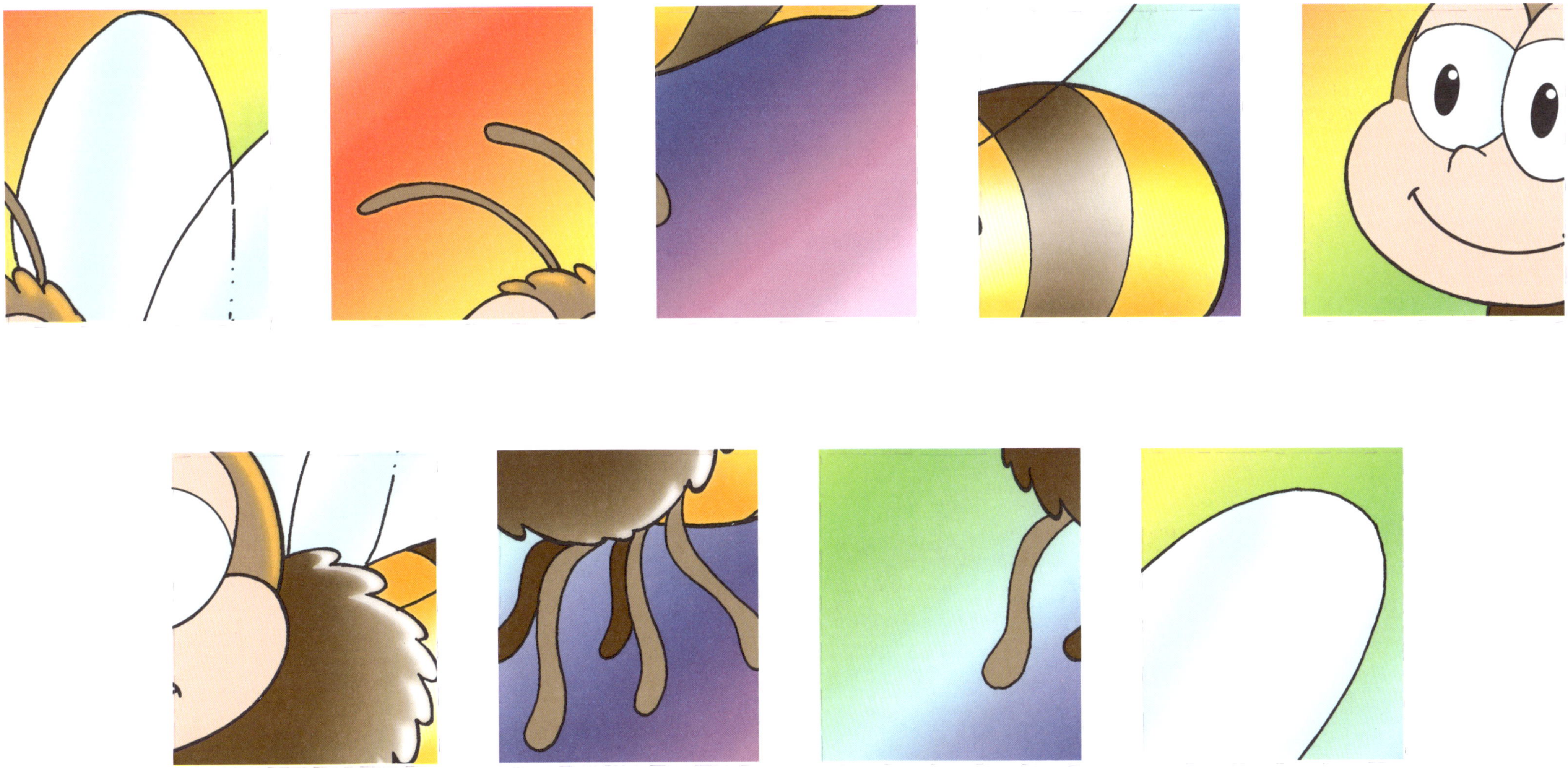

Ilustrações: Ilustra Cartoon/Arquivo da editora

MARCHA CRIANÇA
EDUCAÇÃO INFANTIL

LINGUAGEM 2

O GATO DE BOTAS
E O MISTÉRIO DA FLORESTA

BASEADO NO CONTO DE CHARLES PERRAULT.
ADAPTADO POR JULIAN GUILHERME FERMINO GUIMARÃES E NAIRA GOMES DOS SANTOS.
ILUSTRADO POR ROGÉRIO SOUD.

editora scipione

EM UM LUGAR NÃO MUITO DISTANTE, VIVIA UM POBRE MOLEIRO COM SEUS TRÊS FILHOS.

NO TRISTE DIA EM QUE ELE MORREU, DEIXOU PARA O FILHO MAIS VELHO UM MOINHO, PARA O FILHO DO MEIO UM BURRO E, PARA O MAIS NOVO, UM GATO.

INCONFORMADO, O CAÇULA SE PERGUNTAVA:
— MAS O QUE VOU FAZER COM ESSE GATO?

MUITO ESPERTO, QUANDO SE VIU SOZINHO COM SEU NOVO DONO, O GATO DISSE:

— SE CONFIAR EM MIM, POSSO TORNÁ-LO O HOMEM MAIS RICO DE TODA A REGIÃO. DÊ-ME UM PAR DE BOTAS E VERÁ!

— UM GATO QUE FALA! — ESPANTOU-SE O RAPAZ.

MESMO ASSIM, DEU AO GATO UM VELHO PAR DE BOTAS QUE NÃO USAVA HÁ ANOS.

O GATO CALÇOU AS BOTAS E SAIU CORRENDO PORTA AFORA, PARA PÔR EM PRÁTICA SEU PLANO DE AJUDAR O DONO. MAS, QUANDO PASSOU PELA FLORESTA, PERCEBEU QUE AS ÁRVORES HAVIAM SUMIDO.

INTRIGADO, ELE RESOLVEU DESCOBRIR O MISTÉRIO: QUEM ESTARIA DERRUBANDO TODAS AQUELAS ÁRVORES? SERIAM OS CASTORES?

UM POUCO MAIS À FRENTE, HAVIA UM GRUPO DE ANIMAIS REUNIDOS. O GATO PERGUNTOU A ELES:

— AMIGOS, O QUE ACONTECEU COM AS ÁRVORES?

FOI UMA VERDADEIRA CONFUSÃO. O PATO, O COELHO, O CASTOR E ATÉ O PASSARINHO FALAVAM TODOS AO MESMO TEMPO:

— UM HOMEM TERRÍVEL! UM HOMEM TERRÍVEL!

O GATO MAL ENTENDIA O QUE ELES FALAVAM. ENTÃO, O PATO TOMOU A PALAVRA E ESCLARECEU:

— UM HOMEM VEM AQUI TODOS OS DIAS. QUACK! QUACK! E DERRUBA MUITAS ÁRVORES. QUACK!

— É VERDADE! — DISSERAM OS DEMAIS.

O GATO NÃO CONSEGUIU ACREDITAR NO QUE OUVIU. A SUA TÃO QUERIDA FLORESTA HAVIA SE TRANSFORMADO EM TOCOS DE ÁRVORES ESPALHADOS AQUI E ALI. MAS O QUE PODIA FAZER? ESSE HOMEM PARECIA TÃO GRANDE E ASSUSTADOR...

DE REPENTE, O GATO TEVE UMA GRANDE IDEIA. ERA PRECISO APRESSAR-SE! ELE APERTOU AS FIVELAS DE SUAS BOTAS E CORREU O MAIS RÁPIDO QUE PODIA.

EM POUCO TEMPO, ESTAVA NO CASTELO DO REI. QUASE SEM FÔLEGO, O GATO CONSEGUIU CONTAR O QUE ESTAVA ACONTECENDO.

— MAS ISSO É HORRÍVEL! — DISSE O REI.

IMEDIATAMENTE SUA MAJESTADE MANDOU ALGUNS SOLDADOS PRENDEREM O TAL HOMEM. AGRADECIDO, O REI DISSE:

— MUITO BEM, MEU CARO GATO. COMO PROVA DE MINHA GRATIDÃO, FAREI O QUE VOCÊ DESEJAR.

O GATO PENSOU POR ALGUNS INSTANTES E RESPONDEU:

— MEU DONO É UM HOMEM MUITO BONDOSO. MAS ANDA UM POUCO TRISTE... GOSTARIA QUE FIZESSE UMA GRANDE FESTA PARA ELE!

O REI NÃO PENSOU DUAS VEZES: MARCOU UMA GRANDE COMEMORAÇÃO E PREPAROU UMA SURPRESA ESPECIAL PARA O DONO DO GATO.

NA NOITE DA FESTA, OS CONVIDADOS ESTAVAM MUITO ELEGANTES: O PATO USAVA GRAVATA; O COELHO MOSTRAVA UM LINDO RELÓGIO; O PASSARINHO ESTAVA COM AS PENAS ENFEITADAS E ATÉ O CASTOR PENTEOU PARA TRÁS SEU CABELO!

NO MEIO DA FESTA, O REI SE LEVANTOU, CHAMOU O DONO DO GATO E ANUNCIOU A TODOS:

— (COF! COF!...) TENHO A SATISFAÇÃO DE DIZER QUE, DE HOJE EM DIANTE, ESTE HOMEM SERÁ O MARQUÊS DE CARABÁS!

— OH! — TODOS FICARAM ADMIRADOS E FESTEJARAM A BOA NOTÍCIA.

O NOVO MARQUÊS GANHOU UMA LINDA ROUPA DO REI. ATÉ A PRINCESA RECONHECEU QUE ELE FICOU MUITO BONITO.

MUITO FELIZ, O MARQUÊS MANDOU FAZER PARA O GATO UMA BOTA NOVINHA, CHEIA DE DIAMANTES E COM LINDOS FIOS DE OURO.

O REI ORDENOU, ENTÃO, QUE AS ÁRVORES FOSSEM REPLANTADAS. O PASSARINHO VOAVA DE UM LADO PARA OUTRO DE TANTO ENTUSIASMO!

O MARQUÊS FICOU RESPONSÁVEL POR VERIFICAR, SEMANALMENTE, SE TUDO ESTAVA CORRENDO BEM NA FLORESTA.

E FOI ASSIM QUE O REI E O MARQUÊS SE TORNARAM GRANDES E BONS AMIGOS!

PEÇAS PARA A ATIVIDADE DA **PÁGINA 45**.

A

E

I

O

U

PEÇAS PARA A ATIVIDADE DA **PÁGINA 66**.

U

Richard Peterson/ Shutterstock/Glow Images

uva

abacaxi

IGLU

UVA

O

Viktar Malyshchyts/ Shutterstock/Glow Images

ELEFANTE

Perutskyi Petro/ Shutterstock/Glow Images

OVO

iglu

ovo

elefante

Michel Cecconi/ Shutterstock/Glow Images

ABACAXI

E

A

D7INAMI7S/ Shutterstock/Glow Images

I

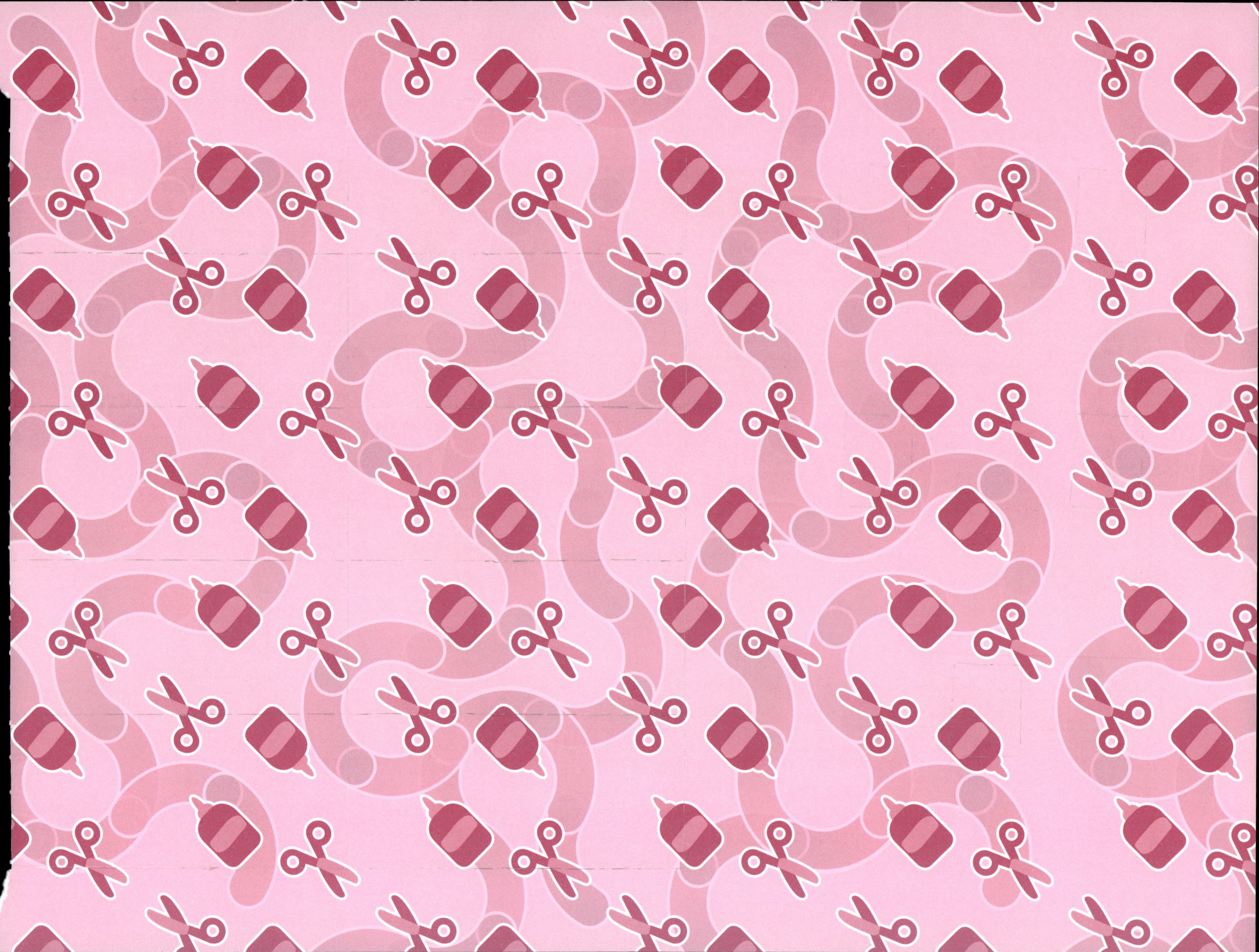

FIGURAS PARA A ATIVIDADE DA **PÁGINA 109**.

Olena Brodetska/Shutterstock/Glow Images

Okssi/Shutterstock/Glow Images

Dobermaraner/Shutterstock/Glow Images

jeep2499/Shutterstock/Glow Images

Greg Amptman/Shutterstock/Glow Images

john michael evan potter/Shutterstock/Glow Images

Tom Reichner/Shutterstock/Glow Images

Denis Tabler/Shutterstock/Glow Images

NOME: ______________________________

Parte integrante da Coleção Marcha Criança – Educação Infantil – Linguagem 2, Scipione.

MARCHA CRIANÇA
EDUCAÇÃO INFANTIL
LINGUAGEM
2

A

COLE A.

DOBRE.

DOBRE.

B

COLE B.

Alfabeto

A	B	C	D	E	F	G
H	I	J	K	L	M	N
O	P	Q	R	S	T	U
V	W	X	Y	Z		

g	G	f	F	e	E	d	D	c	C	b	B	a	A
g	G	f	F	e	E	d	D	c	C	b	B	a	A
n	N	m	M	l	L	k	K	j	J	i	I	h	H
n	N	m	M	l	L	k	K	j	J	i	I	h	H
u	U	t	T	s	S	r	R	q	Q	p	P	o	O
u	U	t	T	s	S	r	R	q	Q	p	P	o	O
				z	Z	y	Y	x	X	w	W	v	V
				z	Z	y	Y	x	X	w	W	v	V

Alfabeto

A	B	C	D	E	F	G
H	I	J	K	L	M	N
O	P	Q	R	S	T	U
V	W	X	Y	Z		

g G f F e E d D c C b B a A

n N m M l L k K j J i I h H

u U t T s S r R q Q p P o O

z Z y Y x X w W v V

Alfabeto

A	B	C	D	E	F	G
H	I	J	K	L	M	N
O	P	Q	R	S	T	U
V	W	X	Y	Z		

g G	f F	e E	d D	c C	b B	a A
g G	f F	e E	d D	c C	b B	a A
n N	m M	l L	k K	j J	i I	h H
n N	m M	l L	k K	j J	i I	h H
u U	t T	s S	r R	q Q	p P	o O
u U	t T	s S	r R	q Q	p P	o O
		z Z	y Y	x X	w W	v V
		z Z	y Y	x X	w W	v V

ADESIVOS PARA A ATIVIDADE DA **PÁGINA 27**.

Nick Biemans/Shutterstock/Glow Images

lightpoet/Shutterstock/Glow Images

apiguide/Shutterstock/Glow Images

Stephen Meese/Shutterstock/Glow Images

paula french/Shutterstock/Glow Images

ADESIVOS PARA A ATIVIDADE DA **PÁGINA 123**.

GrigoryL/Shutterstock/Glow Images

Norberto Mario Lauria/Shutterstock/Glow Images

Luis Gomes/Arquivo da editora

siamionau pavel/Shutterstock/Glow Images

mates/Shutterstock/Glow Images

Tatiana Popova/Shutterstock/Glow Images

Evgeny Karandaev/Shutterstock/Glow Images

Sara Robinson/Shutterstock/Glow Images